Cornelia Vospernik • China live

Cornelia Vospernik

China live

Alltagsleben
zwischen **Tradition** und **Hightech**

www.kremayr-scheriau.at

ISBN 978-3-218-00784-9
Copyright © 2008 by Verlag Kremayr & Scheriau KG, Wien
Alle Rechte vorbehalten
Schutzumschlaggestaltung: Ebeling/Visuelle Kommunikation, Wien
Fotos auf dem Schutzumschlag: ORF Peking (oben und Buchrückseite),
Archiv Ebeling (unten)
Lektorat: Marie-Theres Pitner
Satz und Layout: Ekke Wolf, typic.at
Druck und Bindung: GGP Media GmbH, Pößneck

Inhalt

Vorwort

Ein Kollege, der seit mehr als 20 Jahren in China arbeitet und sich gerade in den Ruhestand verabschiedet, hat für den Kollegen, der ihn jetzt ablösen soll, ein schönes Wort gefunden: *Fallschirmkorrespondent*. „Das sind die, die einfach frisch über einem Land abgeworfen werden", sagt er. „Und das ist eigentlich gut so, denn mir fällt vieles hier gar nicht mehr auf."

Ich selbst bin zu Jahresbeginn 2007 als eine solche „Fallschirmkorrespondentin" in China gelandet. Der Sprung ist mir nicht schwergefallen, der Fallschirm hat sich zum Glück geöffnet und meine Landung war weich. Aber viel Zeit hatte ich, seit ich hier zu arbeiten begonnen habe, nicht.

China ist ein Land, das täglich für Schlagzeilen sorgt, für mich fast interessanter aber sind all die Geschichten, die nie zu Schlagzeilen werden und die hier sozusagen auf der Straße liegen. Diese Geschichten suche und finde ich, wann immer mir die Zeit dafür bleibt. An China überrascht, wie modern es eigentlich ist. Aber sobald man diese Modernität als gegeben annimmt und voraussetzt, muss man darüber staunen, wie rückständig es in vielen Bereichen noch ist. China bezeichnet sich selbst als Entwicklungsland, aber es ist das einzige Entwicklungsland, das sich eine Mission zum Mond leisten kann. Das ist eine Widersprüchlichkeit, die in China als völlig normal empfunden wird, denn genau diese Widersprüchlichkeit ist, was China im 21. Jahrhundert ausmacht. „Wissenschaftliche Entwicklung" nennt die chinesische Führung ihren

Versuch, all diese Widersprüche auszugleichen: das Gefälle zwischen Stadt und Land einerseits und Wirtschaftswachstum und Umweltschutz andererseits.

Ich habe in meiner bisherigen Zeit hier viele beeindruckende Menschen, Orte und Geschichten gesehen. Für einen Journalisten ist China zurzeit sicher der spannendste Platz, an dem man arbeiten kann. Einige der Geschichten, die ich hier erlebt habe und in diesem Buch beschreibe, sind traurig, andere sind skurril, andere wiederum einfach nur komisch. Letzteres bezieht sich vor allem auf jene, in denen ich von meinem eigenen Umgang mit diesem Land erzähle und davon, wie dieses Land mit mir umgeht. Damit sind die Geschichten in diesem Buch genauso vielschichtig und widersprüchlich wie das Land selbst.

Ich widme es all den großartigen Menschen, die ich bisher in China getroffen habe, vor allem aber den großartigsten unter ihnen: meinem Team, ohne das meine Arbeit hier nur halb schön und das Leben hier nur halb so gut wären.

Cornelia Vospernik
Peking, Juli 2008

Der Osten ist neu

Manchmal bin ich versucht, sie für Sternschnuppen zu halten, oder besser gesagt, ich stelle mir vor, sie seien Sternschnuppen: diese Blitze der Schweißarbeiten im Haus schräg gegenüber. Sie sind tagsüber da, aber zu sehen sind sie vor allem nachts. An allen Ecken dieses Rohbaus leuchten Lichter auf. Begleitet werden sie vom dumpfen Hall schweren Geräts, das nichts mit den Schweißarbeiten zu tun hat, sondern von einer anderen Baustelle kommt. Manchmal stehe ich am Fenster und zähle die Baukräne. 13 waren es, als ich eingezogen bin, zehn sind es, während ich diese Zeilen schreibe. Sie werden nie abgebaut, sie lösen einander nur ab. Ein Stadtbild ohne Kräne wäre für mich unvorstellbar. Und ein Peking ohne seinen eigenen Klang ebenfalls. In meiner Wohnung vermischt sich diese Bautätigkeit nämlich zu einer Kakophonie, deren konstanter Bass der nie enden wollende Verkehrsfluss des Dritten Ringes ist, an dem ich lebe.

Der Dritte Ring ist eine von sechs Ringstraßen dieser Stadt. Meine Wohnung liegt in einem Teil von Peking, den man als Zentrum bezeichnen könnte, ja, den man hier sogar als Zentrum bezeichnet, denn die Wahrnehmung von Raum und Weite ist hier eine andere. Ich lebe zentral, auch wenn ich ins wahre Zentrum der Stadt, an den Tiananmen-Platz, je nach Verkehrslage zwischen 25 Minuten und einer Stunde Fahrzeit brauche. In Peking gibt es kaum eine Strecke, die man zu Fuß zurücklegen kann. Es wäre zu weit. Und es wäre auch zu gefährlich, wenn nicht gar unmöglich.

Die Hauptstraßen Pekings sind so breit wie Autobahnen und wie bei Autobahnen gibt es Zäune zwischen den Fahrtrichtungen. Wer sie queren will, nimmt am besten eine der Fußgängerbrücken, was schon im Vorfeld eine genaue Planung des Fußwegs erfordert. Wenig empfehlenswert sind die Straßenkreuzungen, denn dort siegt immer die Mehrheit über die Minderheit. Wer fünf Minuten lang bei Rot stehen bleibt und bei Grün zur Querung ansetzt, muss damit rechnen, von einem abbiegenden Auto geschnitten zu werden. Die Pekinger Autofahrer sind sich keiner Schuld bewusst. Sie steigen aufs Gas, sobald man stoppt, weil man als Fußgänger darauf zu warten hat, dass der Autofahrer stoppt. Diskussionen sind sinnlos. In Peking bewegt sich, wer schneller ist. Wer stehen bleibt, verliert. Denn auch die Autofahrer sind Kummer gewöhnt. Die Fußgänger kümmern sich nämlich ebenso wenig um Ampeln wie sie. So ist die Regel ganz einfach: Eine Masse an Radfahrern und Fußgängern, die einfach unverschämt quert, kann den Verkehr stoppen. Ein einzelner Fußgänger, der seine grüne Ampel nützen will, verliert gegen das Auto.

Freundlichkeitsoffensive hin oder her. In Peking bewegt man sich anders. Und man plant den Weg anders. Der schnellste Weg ist nie der kürzeste, die beste Verbindung zum nächsten Wohnblock nie der direkte Weg, denn am Ende der Nebenstraße steht sicher eine Mauer, die ein Bauwerk von einem anderen trennt. Den in Gässchen geschulten Mitteleuropäer kann das ziemlich verunsichern. Aber man lernt schnell um. In Peking wird in Wohnblöcken gedacht. Der Name meiner Straße wiederholt sich im näheren Umfeld mit Beiworten wie „innere" oder „westliche" einige Male. Mein Wohnblock, der aus meiner Straße und den mehr oder weniger gleichnamigen Nebenstraßen gebildet wird, ist so groß wie ein europäisches Stadtviertel. Um sich in meiner Gegend zurechtzufinden, muss man die Himmelsrichtungen wissen und auch, welchen Block man umfahren muss, um zum gewünschten Ziel zu gelangen. Das heißt, solange ein Gebäude noch steht oder nicht neue hinzugekommen sind.

Die Bauwirtschaft boomt

Vor einem Jahr stand neben meinem Haus, direkt am Dritten Ring, ein Gerüst – jetzt steht dort ein (fast fertiger) Glaspalast, der meinen etwa 22 Stockwerke hohen Wohnblock um das Eineinhalbfache überragt. Warum mein Wohnblock nur *etwa* 22 Stockwerke hoch ist, werde ich noch erklären. Der moderne Bau nebenan wird verglast, obwohl diese Glasbauweise aufgrund von Energiesparauflagen eigentlich verboten ist. Offensichtlich hat hier jemand beide Augen ganz fest zugedrückt. Ein Jahr lang habe ich Nacht für Nacht und Tag für Tag die Baumaschinen gehört. In Peking wird mit einer unvorstellbaren Geschwindigkeit gebaut: sieben Tage die Woche, rund um die Uhr. Jetzt wird mit einer Geschwindigkeit verglast, die nicht nur unvorstellbar, sondern auch lebensgefährlich ist. Wann immer ich den bereits planierten und freigegebenen Platz vor diesem Prachtbau überquere, gehe ich über Glassplitter. Und die können nicht von der einen Scheibe stammen, die vor drei Wochen auf den Platz gefallen ist, denn nirgendwo auf der Welt habe ich sauberer gefegte Straßen gesehen als hier und nirgendwo mehr Menschen, die den ganzen Tag nichts anderes zu tun haben, als Straßen und Plätze zu kehren. Die Glassplitter können nur bedeuten, dass mehr als eine Scheibe der Schwerkraft zum Opfer gefallen ist.

Und dennoch bin ich dankbar für diesen Glaspalast. Denn da der Dritte Ring, der östlich an meiner Wohnung vorbeiführt, wie irgendeine gerade und langweilige sechsspurige Autobahn aussieht, habe ich damit eine neue Landmarke, die mich sicher nach Hause bringt.

Unmittelbar nachdem die schweren Baumaschinen links von meinem Wohnblock verschwunden waren und ein paar Bäume auf dem freigewordenen Platz den Minimalanspruch der Regeln des Feng Shui erfüllt hatten, hörte ich den Klang von neuem Gerät – natürlich nur, weil mein mittlerweile kakophoniegeschultes Ohr eine leichte Lautverschiebung wahrnahm. Diesmal habe ich einen noch besseren Blick auf das Haupt„instrument", den ersten Bagger. Denn von meinem südseitigen Wohnzimmer aus sehe ich direkt in eine Baugrube, die innerhalb weniger Tage ausgehoben und in Windeseile betoniert war. Im tiefsten Winter. Bei Minusgraden. Zum ersten Mal in meinem Leben kann ich aus der Vogelperspektive beobachten, wie eine Tiefgarage entsteht. Mittlerweile ist der zweite Bagger damit beschäftigt, noch mehr Erdreich auszuheben. Ob am Ende auch hier eine Glasfassade stehen wird? So schnell wird mir dieses neue Gegenüber jedenfalls noch nicht den Blick auf das spektakuläre Gebäude versperren, das ich etwas weiter im Süden sehe: das neue Hauptquartier des Fernsehsenders CCTV.

Prestigebauten – eine architektonische Herausforderung

Dieses Gebäude ist – zumindest für mich – der beeindruckendste Bau, mit dem sich Peking rechtzeitig vor den Olympischen Spielen ein neues Gesicht gibt. Zwei Türme

sind oben und unten durch Querteile so miteinander verbunden, dass sie den Eindruck eines trügerischen Escher-
Bildes erwecken. Je nach Perspektive nimmt man das Gebäude als sozusagen falsch zusammengesteckten Rahmen
oder als zwei schiefe Türme wahr, die sich aneinander
lehnen. Für die Statiker war dies die größte Herausforderung, der sie sich bislang gestellt hatten. Charles Pope, der
britische Consulter des Baus, erzählt, dass sich die Türme
unter ihrem eigenen Gewicht um 20 Zentimeter geneigt
hatten und es deshalb so schwierig war, den oberen Ver-
bindungsteil zu planen. 850 Millionen Euro kostet der von
Rem Koolhaas entworfene Bau. Die Türme bieten 465 000
Quadratmeter für die neue Fernsehzentrale von CCTV, in
einem Nebengebäude stehen 95 000 Quadratmeter für ein
Hotel und ein Vergnügungszentrum zur Verfügung.

An Superlativen und ausländisch klingenden Namen
mangelt es in Peking wahrlich nicht. Es ist nicht nur die
Stadt mit einem Nationalstadion, das aussieht wie ein Vo-
gelnest und auch so heißt, Anfang 2008 wurde ein weiterer
nationaler Prachtbau eröffnet, dem die Pekinger sofort den
Namen „das Ei" gegeben haben. Denn genau so sieht das
neue Nationale Zentrum für Darstellende Kunst, wie es
offiziell heißt, auch aus. In Glas und Titan verpackt befinden sich hier ein Opernhaus, eine Konzerthalle und ein
Theater. Über dem Eingang hat sich jener Mann verewigt,
der diesen Bau betrieben hat: der ehemalige Präsident und
die Graue Eminenz Chinas, Jiang Zemin. Korruptionsvor-
würfe und bautechnische Schwierigkeiten haben die Eröffnung immer wieder verzögert. Der künstliche See, in den
das elliptische Ei gesetzt wurde, war sogar undicht. Aber
jetzt sind alle Wirren überstanden.

Ein nüchternes Gebäude wollte Architekt Paul Andreu
hier schaffen, der verglaste Tunnel, durch den man unter

dem künstlichen See in die Oper gelangt, sollte den Besucher vom Alltag reinwaschen. Aber die Chinesen haben daraus einen Eingangsbereich gemacht, der ihrem Sinn für Pracht näher kommt: Gegen den Willen des Architekten ist der nüchterne Tunnel mit Blumen gesäumt. Von der Glasdecke, die eigentlich nichts als den Blick auf das Wasser freigeben sollte, hängen Blumenampeln. Aber der Bau ist so imposant, dass er sogar die daneben liegende Große Halle des Volkes in den Schatten stellt.

Wohnkomfort einst und jetzt

Spätestens wenn man vor dieser Oper steht, fragt man sich, was es wohl mit dem von Chinesen so gern strapazierten Satz von 5000 Jahren Geschichte auf sich hat. Nicht einmal hier, am Rand der Verbotenen Stadt, ist viel davon zu sehen. Die imperiale Pracht von einst liegt hinter einem riesigen Mao-Bildnis und dem Aufruf nach der Vereinigung aller Völker versteckt. Anderswo verschwinden Tempelanlagen zwischen Wolkenkratzern. Mehr und mehr Hutongs, jene kleinen Gassen, in denen sich die traditionellen Vierkantbauten (Siheyuan) finden, werden geschleift. Der Großteil des Pekinger Lebensraums hat nichts mit diesen Bauten gemeinsam. Das Unverständnis so mancher Ausländer, die gerade diese Gassen als romantisch und so typisch chinesisch empfinden, ist China sicher. Aber so mancher Kulturromantiker scheint nie in einem dieser Häuser gewesen zu sein. Auf beengtem Raum lebt man hier, die Toilette teilt man sich mit dem Rest der Gasse und manchmal muss die Fensterbank als Kleinküche genügen. Dass diese Wohnungen mit primitiven Kohleöfen beheizt werden, ist der Pekinger Luft ebenfalls nicht gerade zuträglich. Schön restaurierte Siheyuans, die Restaurants oder Bars beherbergen oder auch die Wohnungen jener, die es sich leisten können, gibt es. Nicht zuletzt, weil es genügend Ausländer gibt, die genau so leben wollen und genau solche Bars besuchen wollen. Die Pekinger selbst scheinen das nicht so emotional zu sehen. Wenn es irgendwo Proteste gegen den Abriss von Häusern gibt, geht es selten um alte Bausubstanz, die man erhalten will, sondern schlicht und einfach um das Dach über dem Kopf.

So mancher Hutong-Bewohner würde das Angebot, in eine neue Wohnung zu ziehen, gerne annehmen. Umfragen zeigen, dass es nur die Älteren sind, die aus diesen Häusern nicht wegziehen wollen. Fragt man die jüngere Generation, wären deren Vertreter großteils glücklich über das Leben in einem Wohnblock mit Lift, Bad, Zentralheizung und richtiger Küche. Was die Architekturtheorie eines jungen Pekinger Architekten nur bestätigt. Herr Ma baut vornehmlich im Ausland, sein für Peking geplantes Projekt, den Tiananmen-Platz in eine große Grünanlage zu verwandeln, fand wenig Anklang. „Unsere Städte wachsen so schnell, da hat keiner die Zeit, von den Erfahrungen anderer zu lernen. Bei uns wird einfach gebaut. Auch wenn wir wissen, dass wir Fehler machen. Dann ist das Gebäude eben temporär. Hier ist doch alles temporär. Nach fünf Jahren muss man das Gebäude dann vielleicht wieder sprengen, aber diese fünf Jahre lang war es wichtig", sagt er.

Genau so sieht es rund um mich auch aus. Jenseits des Dritten Ringes stand bis vor kurzem ein mehrstöckiger Bau, der wahrscheinlich aus den 80er-Jahren stammte. Dass er abgerissen wurde, wundert mich nicht, schließlich wurde mir, als ich eine Wohnung gesucht habe, so mancher Bau als „zu alt" gar nicht angepriesen. Das waren Häuser, die um 1995 gebaut worden waren. Wiederum mag sich der Mitteleuropäer wundern, vor allem, wenn er aus einem Land kommt, in dem alles, was nach 1945 gebaut wurde, als Neubau gilt. Aber vielleicht hat Herr Ma Recht. Und wahrscheinlich halten die Häuser hier auch nicht länger. Wer in einem neuen Haus zu den ersten Mietern gehört und feststellt, dass die Abflussrohre schon nach einem halben Jahr ausgetauscht werden müssen, weiß, warum. Armaturen halten nicht, Einbauschränke zersplittern, Bodenbeläge zerbrechen, und dass die Tapeten nicht an der Wand haften wollen, liegt daran, dass man schon beim Bau nicht genügend Zeit gehabt hat, um das Mauerwerk durchtrocknen zu lassen.

Gegen Süden wie die Kaiser

Wo also bleibt die Tradition, wo sind die 5000 Jahre Geschichte? Heute habe ich eine Erklärung dafür. Ich glaube, dass diese Geschichte nicht in historischen Bauten, sondern im kollektiven Bewusstsein liegt. Die arme Maklerin, die keinerlei Reaktion von mir bekam, als sie meinte: „Und das Wohnzimmer ist südseitig, das Schlafzimmer ebenfalls." Da ich pragmatisch denke und zu Mittag im Büro bin, war mir das mehr als gleichgültig – was natürlich ein Fehler war. Dass ich Richtung Süden blicke, setzt mich auf eine Achse mit den Kaisern, die ihren Thron nach Süden aufgestellt hatten. Dass die Olympiastadt auf einer Achse mit der Verbotenen Stadt liegt, sei deshalb hier nicht nur am Rande erwähnt, sondern unterstrichen. Wer Anstand hat, hat eine südseitige Wohnung. Wer weniger glücklich ist, begnügt sich mit dem Osten. Sehr traurig ist das Schicksal jener, die in Westwohnungen ihr Dasein fristen müssen, von den armen Seelen in Nordwohnungen gar nicht zu reden. Kein Wunder, dass die Wohnung neben mir leer steht, seit ich hier wohne. Kein Mensch will eine Nordwohnung. Man hätte sie mir damals zeigen müssen. Ich hätte sie wahrscheinlich genommen. Denn ich bin pragmatisch: Eine Nordwohnung im Pekinger Sommer ist sicher erfrischend. Wahrscheinlich hätte ich ausgerufen: „Oh, diese Wohnung ist nordseitig, wie schön!" Die arme Maklerin!

Heute sehe ich das natürlich anders. Ich sehe es anders, seit mir ein Meister des Feng Shui erklärt hat, dass meine Himmelsrichtung der Südosten ist und mir daher nichts Besseres geschehen konnte, als aus meinem Österreich nach Asien zu kommen. Deshalb schlafe ich heute ganz beruhigt. Denn ich liege in der richtigen Richtung und nehme dafür die notorisch harte chinesische Matratze in Kauf, deren Weichheitsgrad nur knapp über dem einer Holzpritsche liegt. Das ist sicher auch gut für mich. Mit einem Springbrunnen und Goldfischen kann ich mich leider noch immer nicht anfreunden – was sicher falsch ist. Wann immer ich in meinen Supermarkt gehe, wo ich neben Schnittblumen, Sojasauce und Obst einfach so auch Goldfische kaufen könnte, denke ich daran. Denn Feng Shui, die Wissenschaft von Wind und Wasser, ist ohne Wasser nicht denkbar. Ich tröste mich damit, dass ich laut Feng-Shui-Horoskop ohnehin zu viel Wasser in mir habe und es mir an Feuer fehlt. Vielleicht wäre ein offener Kamin besser für mich. Und wer glaubt, dass das alles nichts zu bedeuten hat, irrt. Feng-Shui-Meister werden in China für alles konsultiert. Aktienspekulanten gehen hin und Jungeltern ohnedies. Der richtige Name für das Kind wird nicht etwa in Büchern nachgeschlagen oder in der Verwandtschaft ausgestritten, nein, er wird errechnet.

Ganz abgesehen davon, dass Kinder nur in guten Jahren gezeugt werden. Und wer das alles nicht glaubt, möge sich den Geburtenzuwachs im Goldenen Jahr des Drachen vor Augen führen.

Der Aberglaube lebt

Der Glaube kann Berge versetzen, nicht nur im Abendland. Und deshalb sind neben Daten, Monden und Farben auch Zahlen von außerordentlicher Bedeutung. Gute Telefonnummern – und zu diesen zählen vor allem solche, die die begehrte, weil für Reichtum stehende 8 enthalten – werden sogar versteigert. Schlechte Telefonnummern bleiben Ignoranten und Ausländern wie mir vorbehalten. Kein Chinese hätte meine Nummer genommen, viel zu oft die 4. Und die steht für Tod. Die Zahl 4 (si) klingt nämlich wie Tod.

In einem Hotel hat man kürzlich nicht schlecht gestaunt, als ich ein Zimmer mit der Nummer 444 schlichtweg abgelehnt habe. „Einem Chinesen würden Sie das nie geben", habe ich gesagt, natürlich nur im Scherz, aber geerntet habe ich einen schamvoll gesenkten Blick, in den sich so etwas wie Entrüstung und Enttäuschung mischten angesichts der Tatsache, dass jetzt auch schon Ausländer wie ich Bescheid wissen. Dabei hätte es das Hotel ganz einfach haben können. Keinen vierten Stock und daher keine mit 4 beginnenden Zimmern. Sie meinen, das geht nicht? Unsinn! Im Lift in meinem Wohnblock wird nicht nur kein vierter, sondern auch kein 14. und – weil es neben Feng Shui so etwas wie universellen Aberglauben gibt – auch kein 13. Stock angezeigt. Womit endlich beantwortet wäre, warum mein Haus nur *etwa* 22 Stockwerke hoch ist.

Das Volk bedienen

Es gibt viele Plätze, an denen man im Trubel Pekings vorzüglich in Meditation versinken kann: Einer davon ist der Wartesaal meiner Bank. Dieser wurde vor kurzem umgebaut und die ganze Bank mit ihm. Dass während der Umbauarbeiten der Betrieb nicht stoppen musste, versteht sich von selbst. Jetzt erstrahlen die Bankomaten im Foyer hypermodern, der Boden ist blank geputzt und neu und die Scheiben an den Schaltern strahlen heller denn je. Leider betrifft die Modernität hier nur das Design. Der Automat, an dem der Kunde eine Nummer zieht, ist neu, die Prozedur alt. Beim Blick auf seine Karte stellt man fest, dass man in etwa 30 Nummern vor sich hat, hofft darauf, dass fünf in der Zwischenzeit das Warten aufgeben werden oder bereits aufgegeben haben, und ist froh, einen Platz auf einem der Sessel zu ergattern, die an die karge Sitzgelegenheit in einem Bahnhof erinnern.

Von diesen zu Bänken zusammengeschraubten Sesseln aus hat man einen wunderbaren Blick auf die Kurstafel. Als wäre das ein Trost. Man wird den aktuellen Kurs des Yuan zum Euro und auch zum Dollar auswendig kennen, bis man an die Reihe kommt. Man weiß das. Und man wird darin bestätigt. Die Dame am ersten Schalter hat mittlerweile nämlich ihr x-tes Formular unterzeichnet und es wird nicht das Letzte gewesen sein. Der Nebenschalter hat vor 20 Nummern den Betrieb eingestellt. Die Schalterangestellte ist auf Mittagspause. Der Schalter neben diesem wird auch nicht mehr lange besetzt sein, das Mädchen mit der Brille sieht hungrig aus. Und am letzten Schalter wird man bevorzugt behandelt, wenn man entweder Olympia-tickets kaufen will oder ein VIP-Kunde ist. Mir ist es bis heute nicht gelungen, herauszufinden, was jemanden bei meiner Bank zum VIP macht, aber eigentlich fühle ich mich wohl zwischen meinen Artgenossen, den gewöhn-lichen „Privatkunden". Sie alle haben noch weniger zu meditieren als ich, sie kannten den Wechselkurs des Yuan sicher schon auswendig – und zwar bis auf den letzten Fen genau –, bevor sie hierher kamen. Manchmal aber denke ich: Alle diese Menschen haben doch Berufe; ist das den Chefs egal? Wenn jemand sagt, ich gehe einmal kurz zur Bank, muss das in China eine gefährliche Drohung für den Workflow sein. Ich wette, niemand sagt, ich gehe einmal kurz zur Bank – gut, ich sage es noch, aber auch ich werde mir das schon noch abgewöhnen. Man geht in China nicht kurz einmal zur Bank, um kurz einmal etwas zu erledigen. Man verbringt dort mindestens eine Stunde.

Die Hürden auf dem Weg zum eigenen Geld

Wenn die blecherne Ansage dann endlich meine Nummer aufruft, bin ich fast enttäuscht. Ich war nämlich gerade bei einem sehr guten Satz in dem Buch, das ich mitgenom-men hatte, oder der letzte Fen des Yuan zum Yen-Wech-selkurs hat mich in eine philosophische Gedankenspirale über das Auf und Ab des Lebens befördert, aus der ich jetzt nur ungern in die Realität zurückkehre. Aber ich brauche Geld, und das steht über aller Philosophie. Mein Konto ist ein gelbes Sparbuch und selbiges krame ich hervor. „Sind meine Euro da?", frage ich und meist sind sie da. Auf gera-dezu wundersame Weise sind sie da, denn meine Bank hat keine IBAN, die Überweisungen kommen sozusagen wie auf dem Postweg hier an, die Adresse der Bank muss genügen. Wenn sie aber nicht da sind, dann wird es kompliziert. In diesem Fall wird meine Bank zwar genau eruieren, wer ich bin und wo ich wohne, und mich auch vom Einlangen einer verzögerten Überweisung verständigen, kann aber durchaus zwei Wochen später felsenfest behaupten, diese sei nie eingetroffen. „Sehen Sie noch einmal nach", sage ich freundlich. „Es ist nichts da", sagt das Mädchen am Schalter. „Sehen Sie bitte noch einmal nach", wiederhole ich freundlich, aber bestimmt. „Es ist aber nichts da." „Sehen Sie doch einfach noch einmal nach", beharre ich, diesmal unmissverständlich. Ich bin keine Chinesin, ich bin Österreicherin. Und so sehr mich diese „Geht-nicht-Mentalität" an mein eigenes Land erinnert, so sehr wird hier verkannt, dass wir mit dieser Mentalität ganz anders umgehen. Wir beharren nämlich. Die Dame, die vor mir an diesem Schalter war, hätte höchstens noch eine Nachfrage gewagt, bevor sie wieder gegangen wäre. Mich bringt keiner hier zum Gehen, solange er nicht seinen warmen Sitz verlässt und nachfragt, ob denn das Geld jetzt wirklich da sei oder nicht. Nach der dritten Aufforderung verschwindet das Mädchen dann doch im Nebenraum. Es kommt zurück, das Geld ist doch da – und alles wird abgewickelt, als wäre nie das Gegenteil behauptet worden. Ich allerdings werde noch mit einem bösen Blick dafür bestraft, dass ich Recht gehabt habe. Aber ich sage nichts mehr und mache ein freundliches Gesicht.

Mein Sparbuch-Konto ist eine großartige Sache. Ich kann sämtliche Währungen, deren Wechselkurse ich während meiner Wartezeit auswendig gelernt habe, einlegen: von Renminbi über Euro, Hongkong-Dollar, US-Dollar, Yen – meiner Bank ist alles recht. Und nirgendwo wurde es mir leichter gemacht, ein Konto zu eröffnen, als hier. Mein

Reisepass, mein Visum und mein Gesicht genügten. Die Bankomatkarte erhielt ich an Ort und Stelle. Eine Kreditkarte bekomme ich nicht, denn ich habe weder Auto noch eine Wohnung hier, mein Einkommen ist offensichtlich irrelevant. Gesetze folgen ihrer eigenen Logik. Und ich habe auch sehr schnell die wesentliche Aufgabe der chinesischen Banken erfasst: Macht es einfach, Geld ins Land zu bringen, und macht es so schwer wie möglich, dieses wieder zu beheben. Leicht ist das wirklich nicht. Meine Euro müssen in Renminbi umgewandelt werden. „Alles wechseln", sage ich. Und der Papierkrieg beginnt. Wie jeden Monat geht das Mädchen mit meinem Pass in das Hinterzimmer. Was die wohl mit all den Kopien meines Passes machen, die sie bis jetzt schon haben?, frage ich mich minutenlang, während ich so allein an der Scheibe stehe. Dann kommt das Mädchen zurück, zieht den Magnetstreifen meines Sparbuches wieder und wieder durch eine Maschine, die etwa vier bis fünf Formulare ausspuckt – so genau weiß ich es nie –, die ich der Reihe nach unterschreiben muss. Der Traum vom papierlosen Büro, denke ich bei mir. Das Mädchen hat unzählige Fächer neben sich, in die es diese Zettel einordnet. Wird irgendwer am Ende des Tages diese Zettel überprüfen und dabei auch genau überprüfen, womit ich unterschrieben habe? Es ist nämlich sehr wichtig, dafür ausschließlich den hier aufliegenden Roller-pen zu nehmen, es muss genau diese Tinte sein. Sollte ich es wagen, einen der Zettel mit einem gewöhnlichen Kugelschreiber zu unterschreiben, müsste die ganze Prozedur von vorne beginnen – was am anderen Ende dieser schönen Bankfiliale auch oft genug der Fall ist.

Dort nämlich sitzen die beiden Herren von unserem Geschäftskonto. Früher saßen sie hinter einer schmierigen Scheibe, und ich finde, dort haben sie besser hingepasst.

Dass ich den beiden Herren jetzt direkt ins Gesicht blicken muss, macht mich unglücklich. Aber zum Glück schlage ich mich nie allein mit ihnen herum. Ich muss diesen Herren ins Gesicht blicken, wann immer ich meine Steuer zahle. Diese kann ich nämlich nicht von meinem Privatkonto zahlen. In China sind Unternehmen steuerpflichtig und nur sie können die Steuer für Arbeitnehmer überweisen. Das heißt also, dass ich mit einem Bündel RMB-Noten, die ich von meinem Privatkonto behoben habe, zu unseren netten Herren und unserem Geschäftskonto muss, denn nur von dort kann meine Steuer überwiesen werden. Ich kann dieses Geld auch nicht von meinem Konto auf das Geschäftskonto überweisen, denn Privatpersonen dürfen nicht auf Geschäftskonten überweisen und umgekehrt geht das auch nicht. Also wandert Monat für Monat ein Formular in die Hände dieser Herren und ein Paket Geld in jene des Kassiers.

Ich habe immer wieder Angst davor, dass uns das Geld in der Handkassa ausgeht, denn dann muss ich nämlich nicht nur ein dickes Paket an Dokumenten und unseren Finanzstempel aus dem Safe holen, sondern kann gegen mich selbst wetten, was denn wohl diesmal wieder nicht in Ordnung sein könnte. Ich hole meine chinesische Assistentin, die zum Glück mit mehr Geduld gesegnet ist als ich, und bewege mich mit ihr in Richtung der beiden Herren, die ich mittlerweile offen an einem schönen, halbrunden Tisch sitzen sehen kann. In Ermangelung der schmierigen Scheibe zwischen uns mögen sie in ihren eigenen Augen zwar ihre Übermacht verloren haben, für mich aber sind sie noch grauenvoller geworden. Ich brauche meine Assistentin, weil der Scheck, mit dem wir an die 2000 Euro unseres eigenen Geldes beheben wollen, weder chinesische Zahlen aufweist, geschweige denn unsere arabischen, sondern spezielle Schriftzeichen für Zahlen, die nur im Bankenverkehr verwendet werden. Selbst meine Assistentin musste diese ganz speziellen Schriftzeichen erst lernen. Sie malt also langsam und genau – manchmal, nachdem sie eine Ziffer auf ihrem Handrücken noch einmal geübt hat – den gewünschten Betrag auf einen Scheck.

Wir überlegen auch vorher immer ganz genau, wen wir für die umgerechnet 2000 Euro, die wir gerade beheben wollen, wieder auf Dienstreise schicken werden, wohin und wie lange. Denn 2000 Euro von einem Geschäftskonto zu beheben, ist in China ein dringender Fall, und dieser tritt nur ein, wenn entweder Gehälter auszuzahlen sind oder eine Dienstreise ansteht. Die beiden Herren beim Geschäftskonto-Schalter wissen ebenso gut wie wir beide, dass hier niemand auf Dienstreise geht, zumindest nicht genau jetzt. Aber so ist das Gesetz. Und meist werfen sie uns den Scheck noch einmal zurück. Nicht etwa weil eine Woche Shanghai für vier Personen falsch berechnet war, denn meine Assistentin rechnet immer genau, sondern aus rein optischen Gründen. Manchmal sieht meine Unterschrift nicht genau so aus, wie sie aussehen sollte, dann wieder habe ich es gewagt, zu groß zu unterschreiben, was bedeutet, dass circa 1 mm unseres Finanzstempels durch meine schreckliche Unterschrift verunstaltet wurde. Dann versuche ich eine Debatte darüber, dass mein gesamter Name eben leider nicht dreisilbig ist, sondern siebensilbig und ich, auch wenn ich meinen Vornamen nur abkürze, in diesem kleinen Bereich nicht genug Platz für meine Unterschrift habe, aber das ist den Herren egal. Wir haben auch schon drei Schecks hintereinander zerrissen, weil ihnen etwas nicht gepasst hat. Besonders schön aber fand ich, als einmal ein für mich kaum wahrnehmbarer Strich von meiner Assistentin angeblich falsch gesetzt wurde.

Die beiden Herren sind unbarmherzig. Sie haben die Macht über unser Geld und wir haben darum zu betteln. Wenn sie dann einmal wirklich nichts mehr zu beanstanden haben, sind sie geradezu verärgert darüber, dass wir die Frechheit besitzen, mit etwa 2000 Euro unseres eigenen Geldes aus ihrer Bank zu verschwinden. Sie leiten einen weiteren Zettel an einen weiteren Herrn weiter, und dieser Mann hinter der Scheibe wird uns dann zwei dicke Pakete Geld aushändigen, natürlich nicht, ohne zuvor noch etwa drei Stempel auf etwa drei weitere Formulare gesetzt zu haben.

Produktivität groß geschrieben

Eigentlich müsste ich diese Stunden bei der Bank in die Produktionsstatistik eintragen, in der ich festhalten muss, was ich denn den ganzen Tag über so mache. Ich wüsste allerdings nicht, in welche Rubrik: Handelt es sich dabei um eine Produktion oder eine Recherche? Produktiv ist es jedenfalls nicht und hat schon deshalb in einer Produktionsstatistik nichts verloren. Zum Glück sind wir immer vormittags auf der Bank (um Punkt ein Uhr machen die beiden Herren nämlich Pause und fünf Minuten vor eins werden sie uns nicht mehr akzeptieren) und niemand aus Wien ruft an. Was sollte ich da sagen? „Bitte ruf doch in einer Stunde noch einmal an, ich will gerade 2000 Euro beheben, vielleicht schaffe ich das in einer Stunde." Aber das ist auch irrelevant. Viel relevanter ist, was diesem Land an Produktivität entgeht. Dass ich meine Stromrechnung nicht im Nachhinein bezahle, sondern im Vorhinein eine Karte aufladen muss, was zum Glück bei jeder Bank geht, kostet Zeit, die man besser verwenden könnte. Dass ich meine Gaskarte ebenso aufladen muss, was aber nur bei bestimmten Banken geht, kostet noch mehr Zeit. Dass alle Heizungen in China zentral am 15. November aufgedreht und am 15. März abgedreht werden, kostet ebenfalls Zeit – die Energieverschwendung aufgrund der Unmöglichkeit, in seiner eigenen Wohnung die Heizung zu regulieren, sei gar nicht erst erwähnt. Allein die Zeit. Denn vor dem rituellen Aufdrehen der Heizungen gibt es einen Testlauf. Und zu diesem hat man zu Hause zu sein. Den ganzen Tag. Halb China nimmt sich zum Testlauf einen Tag frei, man weiß schließlich nicht, wann die Heizungstester kommen werden. Und mit der Hausverwaltung darüber zu diskutieren, ist sinnlos. „Was geschieht, wenn ich nicht da bin?", frage ich. Darauf weiß man die Antwort nicht, denn das geschieht in China einfach nicht. Jeder ist da beim Testlauf für die Heizungen.

Flexibilität ist unerwünscht, Kontrolle wichtig. Auch im modernsten Einkaufszentrum, das alles anbietet, was das Herz nur begehren kann: Importware ohne Ende, Ware aus eigener Produktion in bester Qualität, Regale um Regale, Läden um Läden, Stände um Stände, besser als gut. Aber wenn man es wagen sollte, etwas kaufen zu wollen, wird die Verkäuferin einen dicken Block hervorholen, auf dem sie handschriftlich alle Daten des Produktes genau festhält. Dann wird sie den Block zur Hand und mich ins Schlepptau nehmen und durch das halbe Einkaufszentrum bis zu einer entlegenen Kassa gehen, wo eine Privilegierte das Recht hat, das Geld oder die Kreditkarte entgegenzunehmen. Der Kontrast zwischen den fünf Terminals für alle Kreditkarten dieser Welt und Chinas und dem Block, auf den die Kassiererin mit einem kleinen roten Stempel ihre Bestätigung aufdrückt – erst auf das Original, dann auf den Durchschlag –, könnte nicht größer sein. Ich staune.

Und wenn ich mit Bargeld bezahle, wird die privilegierte Kassiererin die Geldnoten gegen das Licht halten und genau studieren, als hätte es dem glänzenden Einkaufszentrum zwar nicht am Geld für fünf Kartenterminals pro Kasse, wohl aber am Geld für ein einfaches UV-Gerät zur Durchleuchtung der Banknoten gefehlt. Hat es, offensichtlich. Aber irgendwie funktioniert das Bezahlen immer und zum Dank erhält meine Bedienung dann auch noch das Verpackungsmaterial ausgehändigt. Dieses zu verwalten, ist offenbar auch ein Privileg der Kassiererin.

Das perfekte Service

In dieser Rangordnung mangelt es nicht an Fleiß. Im Gegenteil. In China arbeitet an jedem Eck jemand an irgendetwas, und das lange und sechs, wenn nicht gar sieben Tage die Woche. Auch in den Restaurants, in denen eine Schicht der Angestellten serviert und nur ein Mensch kassiert. Ich bevorzuge die einfachen Restaurants, je einfacher, desto besser: Dort ist das Service genau so, wie ich es mag: Ich bestelle, mir wird serviert und man lässt mich in Ruhe, bis ich die Rechnung begleichen will. In den besseren Restaurants ist es viel schlimmer. Dort werde ich nicht nur bedient, sondern betreut. Völlig unvermittelt wird mir nachgeschenkt, Servietten werden zwischen mich und den Teller geklemmt, Hussen über meine Jacken gezogen, meine Taschen weit weg von mir platziert, Teller mir entzogen, während ich noch kaue, und überhaupt werde ich beobachtet, während ich esse. Das wiederum weckt in mir immer das Gefühl, ein Haustier zu sein, das es partout nicht mag, wenn jemand dabei zusieht, wie es zum Napf geht. Aber die beiden Damen keinen Meter von mir entfernt empfinden das als Höflichkeit. Ich nehme an, alle 1,3 Milliarden Menschen hier wollen genau so bedient werden, wenn sie gut essen gehen. Ich beuge mich. Man kann Haustiere schließlich abrichten. Die Höflichkeit und Aufmerksamkeit des chinesischen Servierpersonals gehen so weit, dass es eine bestellte Flasche serviert, hinstellt und fragt, ob man sie denn öffnen solle. „Ja", sage ich. Was ich dabei denke, sage ich nicht: Soll ich die Flasche etwa ansehen? Mitnehmen? Stehenlassen? Soll ich jetzt etwa auch schon mit Flaschen meditieren? Philosophische Abhandlungen über die Unerreichbarkeit des Erreichbaren oder, noch schlimmer, des sogar schon Erreichten anstellen? Nein danke, die Anzeigetafel in meiner Bank genügt mir.

Aber möglicherweise hat das alles Programm. Man stelle sich vor, wie groß das Wirtschaftswachstum wäre, wenn dem Bedienen des Volkes nicht solche Knüppel in den Weg gelegt würden. Dieses fleißige Volk wird, da ihm keine Verantwortung über sein Tun übertragen wird, ständig daran gehindert, sein ganzes Potenzial zu nützen. Man stelle sich den Aufschrei in den USA vor, würde dieses Land all seine Kapazität nützen. Die Herren in meiner Bank und Abermillionen andere Dienstleister mit ihnen verhindern tagtäglich, dass die chinesische Wirtschaft überhitzt. Ich sollte ihnen danken.

Sprachlos in Peking

In China glaubt man der Weisheit der Lehrer. Zu Recht. Ein lieber Freund von mir und Sinologe, den ich voller Respekt „laoshi", also Lehrer, nenne, bringt das Drama mit wenigen Worten auf den Punkt: „Chinesisch", so sagt er, „ist eine Sprache, von der man zuerst glaubt, dass man sie nie lernt, von der man dann irgendwann denkt, dass sie ohnehin ganz leicht ist, und die dann erst richtig schwierig wird. Zwischen Chinesisch zu sprechen und es wirklich zu beherrschen, liegen Welten."

Irgendwie habe ich Phase eins überstanden und der Versuchung von Phase zwei gebe ich mich erst gar nicht hin. Phase drei wird sich mir somit nie eröffnen. Möglicherweise liegt das daran, dass meine Festplatte für Sprachen im Gehirn nicht mehr genügend Arbeitsspeicher frei hat, oder aber schlichtweg daran, dass ich nicht zu den Menschen gehöre, die es sich leisten können, in China ein paar Jahre lang nichts anderes zu machen, als die Sprache zu studieren. Insofern hadere ich mit meinem sprachlichen Schicksal und kann den Verlockungen dessen, was da immer als Trost angeführt wird, getrost widerstehen: Dass Chinesisch keine Grammatik hat, ist nämlich auch nicht korrekt. Wann immer das gesagt wird, holt der oben zitierte Professor gerne sein dickes Buch der chinesischen Grammatik hervor. Im Chinesischen wird nicht dekliniert, das stimmt schon. Und der Plural wird sehr einfach gebildet. Es gibt auch nicht, wie in meiner slawischen Muttersprache, unterschiedliche Verbformen, je nachdem, ob man als Frau oder Mann in erster Person spricht. Aber das macht Chinesisch noch nicht leicht. Es ist nicht mehr als ein kleines Trostpflaster. Chinesisch ist die schwierigste Sprache, die man lernen kann. Wer das Gegenteil behauptet, will einen Sprachkurs verkaufen oder trägt dick auf. Selbst die sprachlich talentiertesten Menschen treffen auf ihren Meister, wenn sie sich dieser Sprache stellen. Chinesisch, oder sagen wir besser: seine Standardversion Mandarin, ist nicht nur eine andere Sprache, es ist ein anderes Konzept. Und deshalb ist es zugleich so schwierig und so aufregend, sich mit dieser Sprache auseinanderzusetzen.

Wann immer ich Sprachen gelernt habe, gab es da lateinische oder griechische Wurzeln, Eselsbrücken, Ableitungen, eine bekannte Logik, die man in einen neuen Kontext stellen konnte, oder einen neuen Kontext, den man mit der alten Logik bewältigen konnte. Selbst Russisch war nur eine andere slawische Variation mit einem neuen Alphabet. Vor allem aber: Jede Sprache, die ich zuvor gelernt habe, hat ein Alphabet!

Erste Annäherung

Ich kam als Analphabetin hierher, falls diese Formulierung für Mandarin überhaupt zulässig ist. Erstmals verstehe ich, wie es ist, wenn man ein Schriftbild ansieht und dabei im Kopf nur Pausen entstehen. Glücklicherweise werden diese Pausen mittlerweile von der einen oder anderen Erkenntnis unterbrochen, aber da ich weit davon entfernt bin, alle Schriftzeichen zu kennen, habe ich mittlerweile so etwas wie einen Morsecode in meinem Kopf. Ich fahre durch die Stadt und erkenne ein Zeichen: Aha!, und ein zweites: Aha!, dann kommt eines, das ich nicht kenne: Pause, wieder eines, das ich nicht kenne: Pause; und wenn ich Glück habe, steht am Ende ein beglückendes Aha!

Damit ist Mandarin für mich die erste Sprache, die man nur in Bruchstücken lesen kann, eine Sprache, die beim Versuch, sie zu lesen, sozusagen eine Melodie aus Klängen und Pausen im Kopf verursacht, solange man sie nicht wirklich beherrscht. Daran habe ich zuvor nie gedacht. Und weil das die wenigsten von uns tun, kommt uns China hier mit einer mehr oder weniger praktischen Erfindung entgegen: Es gibt Versionen des Chinesischen in Lautschrift. Die hier gebräuchliche heißt Pinyin. Sie kann eine große Hilfe sein, auch wenn sie nicht wirklich konsequent ist. Was als „o" geschrieben wird, sollte eher klingen wie ein „u". Der Unterschied zwischen „j" und „zh" ist für europäische Ohren anfangs graduell, ebenso jener zwischen „sh" und „x". Das Schwierigste aber sind die Tonhöhen. Das ist die Hürde Nummer eins und deshalb dauert Phase eins so lang. Wer sich daran gewöhnt hat, Sprachen durch Zuhören und Imitation zu erlernen, wie ein Kind eben, wird feststellen, dass er bei Mandarin sehr lange zuhören oder sehr lange in die Phase des Zuhörens zurückfallen wird, weil es so frustrierend schwierig ist, sich verständlich zu machen.

In vielen anderen Sprachen lernt man ein Wort, spricht es vielleicht falsch aus, hat einen schrecklichen Akzent, wird aber dennoch verstanden, da es kaum zwei gleich klingende Worte für unterschiedliche Dinge gibt. In Mandarin müssen die Silben in genau der richtigen Tonhöhe getroffen werden. Wer das nicht beherrscht, sollte daher versuchen, gleich in ganzen Sätzen zu sprechen, um sich verständlich zu machen. Aber wer kann schon sofort ganze Sätze bilden? Für chinesische Ohren klingt die falsche Tonhöhe nämlich nicht wie ein ausländischer Akzent. Sie klingt einfach nur falsch. Die falsche Tonhöhe ist ein anderes Wort.

Nur wenige Chinesen sind zudem daran gewöhnt, mit Ausländern zu sprechen. Sie kennen die spezifischen Fehler, die wir alle machen, daher nicht und noch weniger kennen sie die Unterscheidung zwischen den Fehlern, die ein US-Amerikaner machen würde, oder jemand, der aus Deutschland oder Österreich kommt.

Ich habe, wie gesagt, ziemlich bald erkannt, dass die kindliche Taktik, zuerst zuzuhören, dann zu speichern und schließlich zu imitieren, für mich bei dieser Sprache nicht funktionieren würde. Denn es gibt nicht nur gleiche Silben in unterschiedlichen Tonhöhen, es gibt auch gleiche Silben in derselben Tonhöhe, die Unterschiedliches bedeuten. Wenn das geschieht, sagen Chinesen zueinander: „Ich meine das Soundso aus Soundso, nicht das Soundso aus Soundso." Es ist tröstlich zu sehen, dass diese Sprache selbst für Muttersprachler immer wieder einer Erklärung bedarf.

Hindernis Nummer zwei in Phase eins ist die Tatsache, dass man sich daran gewöhnen muss, völlig fremde Laute auszustoßen, die oft mit einer doch ungewöhnlichen Mimik einhergehen. Dass mir als Slawin Zischlaute etwas leichter fallen, macht es auch nicht wirklich leichter. Denn wir pressen dabei nicht die Zähne aufeinander und zischen aus den Mundwinkeln. Und wir formulieren auch kein tief aus dem Kehlraum hervorgewürgtes „r", bei dem wir die Zunge bis in den Rachen zurückrollen, sodass jeder Texaner vor Neid erblassen würde. Dieses „r" ist vor allem in Peking so beliebt, dass man es gar nicht oft genug verwenden kann. So manche Endung wird einfach zum „r", so zum Beispiel beim Stadtviertel, in dem ich wohne, das eigentlich Sanlitun heißt, aber wenn man will, dass einen der Taxifahrer versteht, sagt man besser Sanlitur.

Ich erkläre mir die lange Phase, die ich überstehen musste, bevor sich mir die Zunge gelöst hat, daher auch oder vor allem mit meiner verbalen Ästhetik, wie ich sie nenne. Bis zum heutigen Tag finde ich eine Frau, die ein solches „r" von sich gibt, einfach nicht elegant und von den Männern will ich erst gar nicht sprechen. Die Vorstellung, dass ich einen solchen Laut von mir geben muss, um mich verständlich zu machen, hat mich lange beunruhigt. Aber in einer Sprache, in der man, um zu sagen, dass man hungrig ist, einen Schwalaut tief in die Magengrube pressen muss, muss man die Hemmungen einmal ablegen, sonst wird man wortwörtlich verhungern.

Nicht nur eine kalligrafische Augenweide

Meine persönliche sprachliche Nahrung sind daher die Schriftzeichen. Was immer ich bei den Lauten an verbaler Ästhetik vermisse, wird in der Schrift dreifach wettgemacht. Die Schriftzeichen sind elegant, sie sind wunderschön und sie eröffnen eine Sicht nicht nur auf die Logik der Sprache, sondern auch auf die Denkweise der Menschen, die mit ihr aufwachsen. „Achtung!" zum Beispiel setzt sich aus „klein" und „Herz" zusammen. Ich erkläre mir das so, dass man einen kleinen Teil seines Herzens, seine Aufmerksamkeit also, einer gewissen Sache widmen soll, zum Beispiel der Tatsache, dass ein Boden frisch gewischt ist. „Frau" und daneben „Kind" ist das Zeichen für „gut". Im „Regen" kann man sogar die Regentropfen erkennen.

Es soll viele Ausländer geben, die sich nie mit den Schriftzeichen auseinandersetzen. Dabei sind sie die Essenz dieser Sprache. Ich kann wieder nur von mir sprechen, aber für mich haben die Laute, sobald ich sie einem

Schriftzeichen zuordnen kann, plötzlich ein Gesicht und sind gar nicht mehr alle so ähnlich. Irgendwann – nicht beim Studium der Fassaden im chronischen Stau, wo man sofort die Zeichen für „China" und „groß" lernt, denn die stehen fast überall, aber über Büchern – wird man feststellen, wie viele Radikale (Wortstämme) sich in anderen, komplizierteren Schriftzeichen wiederholen, wo sie entweder den Klang oder den Sinn ausmachen. Dann hat man Phase eins überstanden. Wenn man dann durch die Straßen fährt und erkennt, was sich hinter den Fassaden der Geschäfte verbirgt, ist man schon fast im Himmel.

Besonders Ambitionierte können dann auch noch lernen, wie man diese Zeichen nicht nur erkennt, sondern auch schreibt. Dabei geht es nicht nur um das Wie, sondern auch um die Reihenfolge, in der die Striche gesetzt werden. Kein Wunder, dass es im chinesischen Schulsystem vor allem um Drill geht. Man muss viel üben, bis ein Schriftzeichen annähernd gut aussieht. Und dass ein Quadrat aus nur drei Pinselstrichen besteht, ist alles andere als irrelevant. Das weiß man spätestens, wenn man das erste Mal ein Wörterbuch verwendet.

Aber Schriftzeichen zu lernen, ist mehrfach hilfreich. Da auch die Chinesen einander oft nicht verstehen, beginnen sie dann zu schreiben. Sie schreiben in die Hand, auf ein Papier oder in ihr Handy. Und da sie, wie bereits gesagt, an Ausländer nicht gewöhnt sind, machen sie es mit Ausländern nicht anders als mit ihresgleichen.

Eine Masseurin hat mir einmal, nachdem sie mir meine Nackenverspannungen weggeschröpft hatte und mein Rücken aussah, als hätte man an ihm riesige Zigarren ausgedrückt, eindringlich gesagt: „Heute dürfen Sie nicht ..." und genau das folgende Wort habe ich nicht verstanden. „Ich darf was nicht?", fragte ich zurück, vermutend, dass sie mir sagen wollte, ich dürfe mich nicht kratzen oder kein heißes Bad nehmen oder mich nicht dick mit Tigerbalsam einbalsamieren, und dass sie mir irgendwie zeigen würde, welche Aktion sie meinte. Sie aber holte, statt mir das Verb durch Gesten zu vermitteln, ihr Mobiltelefon hervor, öffnete eine neue SMS und tippte in der Umschrift Pinyin folgende Zeichen ein: „Heu-te-dür-fen-Sie-nicht", las ich laut mit und dann kam das Schriftzeichen für das Wort, das ich nicht kannte. Ein schönes Schriftzeichen, aber ich kannte es nicht. Hätte ich es gekannt, hätte ich sie wohl verstanden. „Ich kenne dieses Schriftzeichen nicht", sagte ich, „also was darf ich nicht?" Sie, voller Geduld, sprach das Wort, das ich nicht kannte, mit dem Finger auf dem Schriftzeichen, das ich nie gesehen hatte, noch deutlicher und langsamer aus. Das war sehr nett von ihr, half mir aber auch nicht. Die nette Masseurin aus Hubei erkannte erst an meinem fragend-verzweifelten Blick, dass die Sache mit dem Handy vielleicht doch nicht das Richtige war. Sie erkannte es, als sie in meine Augen sah, als hätte sie erst in meinen Augen erkannt, dass in der Provinz, aus der ich komme, keine Schriftzeichen verwendet werden. Wir lächelten einander an, aber seit damals trage ich zwei Fragen in mir, die ich ihr unbedingt einmal stellen muss: Erstens: Wie bringen Chinesen ihren Kindern Verben bei? Und zweitens: Kennen Sie das Spiel Activity? Wenn ja, wäre es sicher sehr lustig, es gegen Chinesen zu spielen. Ich würde viel darüber lernen, wie man hier gestikuliert. Vorausgesetzt natürlich, ich kenne das Schriftzeichen, zu dem ich die Aktivität erfinden muss …

Auf den tollen Gebäuden von Peking stehen oft beeindruckende englische Bezeichnungen oder Fantasienamen, die eigentlich doppelt sinnlos sind. Zum einen kennen die Chinesen diese Gebäude nur in ihrer chinesischen Bezeichnung (und die steht in Schriftzeichen daneben) und zum anderen sind selbst die Namen internationaler Hotelketten ungebräuchlich. Stellen Sie sich einmal vors Hilton in Peking und fragen Sie Passanten nach diesem Hotel. Ich habe das für eine Fernsehgeschichte einmal getan. Keiner wusste es; es heißt nämlich ganz anders: „Xi er dun fan dian". Eine große Elektronikhandelskette nennt sich in lateinischen Lettern „Gome", daneben stehen die Schriftzeichen für „guo" und „mei" – „Land" und „schön" –, was im Gegensatz zu „Gome" auch wirklich etwas bedeutet, aber irgendwie hält man es in China für chic, Fantasienamen, die kein Mensch kennt, auf Häuser zu schreiben. Englische Namen oder für Englisch gehaltene Namen kann man in China getrost ignorieren, denn kein Taxifahrer versteht einen, wenn man zu irgendeinem „The Place", „Palm Springs" oder wie sie alle heißen will. Nur wenn etwas in Pinyin angeschrieben steht, kann es weiterhelfen.

Die Kunst der Interpretation

Damit, zu verstehen, ist es aber freilich noch nicht getan. Die nächste Schwierigkeitsstufe kommt dann, wenn man versucht zu ergründen, was genau sich hinter einem Satz verbirgt. Denn um es überspitzt auszudrücken: Chinesen kommen nicht auf den Punkt. Sie kommen nicht deshalb nicht auf den Punkt, weil sie nicht wissen, was sie einem sagen wollen, sie empfinden es nur als unhöflich, auf den Punkt zu kommen. Eine Konversation besteht in der Kunst der gekonnten Hinführung zum Wesentlichen oder, besser noch, in der Kunst, blumig, aber unverbindlich zu bleiben. So manches Mal endet ein Abendessen in der beglückenden Übereinkunft, nicht übereingekommen zu sein. So manches Treffen dient nur dem Zweck, einander zu treffen und Höflichkeiten oder Geschenke auszutauschen, oder aber dem Zweck, sich gemeinsam fotografieren zu lassen und mit all dem die Stimmung zu sondieren. Wenn man aus einer Kultur kommt, in der Menschen keine Scheu haben, offen auszusprechen, was sie wollen, und man noch dazu Journalist ist, erfordert das einige Gewöhnung, um nicht zu sagen Beherrschung.

Journalistisch deformiert wie ich bin, denke ich leider in Schlagzeilen. Ich will immer noch sofort wissen, was Sache ist. Ich will wissen, was die Geschichte ist. Dann will ich wissen, ob sie machbar ist. Alles andere sind Details, von denen ich nichts wissen muss, falls es nicht unbedingt notwendig ist. Ich würde zum Beispiel sagen: „Das Interview mit Herrn X funktioniert, er hat morgen um 10.30 Uhr für uns Zeit, und zwar im Hotel Y, und um rechtzeitig dort zu sein, müssen wir um 9.30 Uhr abfahren. Geht das oder haben wir etwas anderes vor?"

Damit wäre für mich alles gesagt. Bei einem Chinesen klingt das ganz anders (was in Klammer steht, denke ich mir bei solchen Gesprächen beziehungsweise sage ich):

„Gerade hat mich Herr Z angerufen."

(Wer ist Herr Z?)

„Du weißt, Herr Z ist der Pressesprecher von Herrn X."

(Nein, wusste ich nicht, aber gut, das Interview mit X wird wohl was.)

„Herr X ist der Mann, den wir interviewen wollten, der, der aus der Provinz Soundso kommt und Dasundas macht. Ich habe gerade nachgelesen, dass er heute das und das …"

(Ich weiß, wer er ist, deshalb wollen wir ihn für ein Interview.)

„Herr Z meint, dass – wenn wir wollen – vielleicht morgen ein Interview mit Herrn X möglich wäre."

(Vielleicht möglich oder möglich? Natürlich wollen wir, sonst hätten wir schließlich keines beantragt.)

„Und zwar muss er zu Mittag dortunddort sein, das heißt, es ginge nur davor und es geht nur in seinem Hotel; vielleicht, wenn wir wollen."

(Wo er uns das Interview gibt, ist mir ziemlich egal. Was er zu Mittag macht, auch. Was mich mehr interessiert, ist: Gibt er uns das Interview nun vielleicht oder wirklich?)

„Also wenn wir wollen, müssten wir dann um 10.30 Uhr in seinem Hotel sein."

(Natürlich wollen wir. Aber wo ist das Hotel?)

„Soll ich Herrn Z sagen, dass wir das wollen?"

(Ja, bitte. Und wir sollten dann noch herausfinden, wo das Hotel ist, ansonsten wissen wir nämlich nicht, wann wir aufbrechen müssen, damit wir Herrn X interviewen können …)

Diese umgekehrte Pyramide, in der das Allgemeine immer am Beginn steht und das Wesentliche immer erst am Ende kommt, ist – wie gesagt – höflich. Chinesen sind aber nicht nur deshalb unverbindlich, weil sie höflich sein wollen. Sie wehren sich auch sehr oft, etwas klar auszusprechen, weil sie sich immer rückversichern müssen. In China trifft man selten Menschen, die Verantwortung für etwas übernehmen. Deshalb schreiben wir so oft ein Fax mit Bürostempel, das durch alle möglichen Abteilungen wandern muss, bis ein Chef dann alles entscheidet, was seine Untergebenen ebenso gut hätten entscheiden können. Delegieren ist ein Fremdwort.

Mein Lieblingsbeispiel dafür sind die erwähnten Kellnerinnen in Lokalen, die einem, nachdem man ein Bier bestellt hat, eine verschlossene Flasche zum Tisch bringen, kurz zögern, einen ansehen und dann fragen, ob sie sie öffnen dürfen. In China wird zumeist alles hinterfragt, selbst das Logische, selbst das, was Teil der Aufgabe ist, die man erhalten hat. Ich staune darüber, aber ich bin davon auch unendlich fasziniert. Denn trotz all dieser Unverbindlichkeit und trotz all dieser Rückversicherungen funktioniert es schließlich doch. Die Menschen hier haben ein anderes Sensorium dafür entwickelt, was jemand meinen könnte, sie sprechen nicht nur, sie interpretieren.

Wenn ich mich darüber noch wundere, weiß ich ganz genau, dass das mein Fehler ist. Ich sollte mittlerweile wissen, dass es die chinesische Art ist, eine Interviewzusage zu machen, wenn jemand anruft, um zu sagen, dass er für ein mögliches Interview um 10.30 Uhr vielleicht zur Verfügung steht. Ich sollte wissen, was die Kellnerin von mir erwartet. Das fordert aber nicht nur meine verbalen, sondern auch meine nonverbalen Fähigkeiten. Ich bin dabei zu üben und stelle mich darauf ein, irgendwann einmal in Wien anzurufen und eine Geschichte folgendermaßen anzubieten:

„Hallo, mich hat gerade jemand angerufen, den ihr nicht kennt und der euch nichts sagt, aber dieser jemand meint, dass wir möglicherweise doch jemanden vor die Kamera bringen könnten, den ihr auch nicht kennt, der aber wichtig ist. Ich sage jetzt nicht, warum. Wenn wir das wollen, hieße das dann, ich könnte vielleicht eine Geschichte für die ‚Zeit im Bild‘ machen. Das ist die Sendung, die es um halb acht auf ORF 2 gibt, was ihr wahrscheinlich wisst, aber ich wollte nur höflich sein. Natürlich müssten wir dann noch die Sendeleitung fragen oder vielleicht sämtliche Satellitenbetreiber der Welt, ob die Ausstrahlung möglich ist. Ich weiß auch nicht, ob es an diesem Tag ein Kamerateam geben wird … ach, habe ich eigentlich schon gesagt, an welchem Tag ich möglicherweise die Geschichte für die ‚Zeit im Bild‘ vielleicht anbiete? Ich meine, ich biete sie natürlich nur an, wenn ihr wollt; könnt ihr vielleicht darüber nachdenken? Der Mensch, den ihr nicht kennt, der mich angerufen hat, würde nämlich gerne wissen, was meine Entscheidungsträger dazu sagen, damit er dem anderen Menschen, den ihr auch nicht kennt, Bescheid sagen kann …"

Wenn mich der arme Mensch am anderen Ende der Leitung dann fragt: „O.k., und was ist die Geschichte?", dann weiß ich, ich habe die Geschichte wahrscheinlich verloren, aber dennoch gewonnen. Ich habe nämlich endlich zu sprechen gelernt wie eine Chinesin.

Ich gebe zu, das war jetzt vielleicht etwas überspitzt, aber ich sagte doch, dass ich den höchsten Grad der Beherrschung nie erreichen werde …

Taschentücher sind unappetitlich und Tomaten sind Obst

Also ich finde nicht, dass Klischees nur schlecht sind. Ich bekenne, ich habe sogar ein gewisses Faible für Klischees. Sie sind zwar sehr oft einer konkreten Einzelperson gegenüber unfair, aber als Fremder kann man sich sofort zu Hause fühlen, wenn man feststellt, dass es ein Klischee tatsächlich gibt.

Die Pekinger werden vereinfacht mit zwei Klischees in Verbindung gebracht – erstens: Sie fahren alle Rad; und zweitens: alle spucken. Beide sind auf ihre Weise unrichtig, bergen aber doch ein Körnchen Wahrheit.

Die Zahl der Fahrräder hat sich extrem reduziert, aber es sind immer noch genügend auf den Radwegen unterwegs, um das Queren derselben vor allem in der Stoßzeit am Morgen ebenso gefährlich zu machen wie das Queren einer Straße. Ich persönlich habe vor Radwegen ebenso viel Angst wie vor Autos, denn erstens sind die verbliebenen Radfahrer genauso rücksichtslos wie die Autofahrer, und zweitens sind sie zumeist schneller unterwegs, weil es auf den Radwegen keinen Stau gibt. Und sie fahren bei jedem Wetter. Wer eingefleischter Radfahrer ist, fährt auch im Winter. Die dazu notwendigen Muffs, die man auf die Lenkstange stecken kann, gibt es in Peking überall zu kaufen.

Gewöhnungsbedürftig

Viel interessanter als das Fahrradklischee finde ich hingegen jenes mit dem Spucken. Also erstens spuckt in China bei weitem nicht jeder einfach so aus, und zweitens ist das Ausspucken an und für sich nur die Krönung der gekonnten Ansammlung des Nasensekrets, das erst einmal in den Rachen befördert werden muss. Also, anders ausgedrückt, wenn einem vor dem Ausspucken ekelt, sollte man auf der Hut vor dem sein, was ihm vorangeht: Diese gurgelnden Geräusche können nämlich ziemlich lang anhalten und sind ebenso ekelig wie das Spucken selbst. Manchmal trifft es einen unvermittelt. Sollte ich auf dem Weg ins Büro durch meine Nebengasse wieder einmal in Kurzmeditation verfallen und sozusagen vergessen haben, wer und wo ich bin, fällt es mir sofort wieder ein, wenn ich dieses morgendliche Gurgeln höre und nur noch hoffe, weit genug vom Auswurf entfernt zu sein. Meine empirische Beobachtung macht den Morgen als gefährlichste Spuckzeit aus, was logisch ist, schließlich ist man gerade erst aufgestanden. Aber auch in der Nähe von Speiselokalen und nach der Einnahme von Nahrung verzeichne ich einen Anstieg der Spuckfrequenz. Man weiß nie, wo es einen gerade erwischt. Wird vielleicht jemand ausgerechnet in jenen Gangaschenbecher spucken, in dem ich gerade meine Zigarette ausdämpfen will? Es ist keineswegs so, dass ausschließlich auf der Straße ausgespuckt wird. In den chinesischen Schlafwagen steht immer ein Spucknapf auf dem Tischchen in der Mitte des Abteils. In meiner Nebengasse mit ihren Speiselokalen wiederum wird auf die Berge von Gemüseabfällen und Essensresten gespuckt und manchmal auch direkt auf den Gehsteig.

Meine Nebengasse ist überhaupt ein Quell ständiger Bildung. Dort habe ich auch gelernt, dass man sich, auf dem Gehweg sitzend und ein Nasenloch zuhaltend, durch das andere Nasenloch ganz vorzüglich schnäuzen kann. Also, man kann sozusagen auch durch die Nase ausspucken. In dieser Nebengasse mit ihren zahlreichen kleinen Esslokalen wird der Müll am Abend einfach auf die Straße entsorgt. Am folgenden Morgen ist sie dann blank gekehrt. Aber es sammelt sich einiges an, an so einem Tag. In den Lokalen hier wird tatsächlich fröhlich ausgespuckt, und das liegt natürlich auch an der Art der Zubereitung der Speisen.

Andere Länder – andere Sitten

Nudelsuppe mit Stäbchen zu essen, geht eben nicht so leicht, wie es mit einer Gabel ginge, und deshalb ist völlig verständlich, dass in den Nudelsuppenlokalen so gegessen wird, wie man es uns als Kindern verboten hat: Erstens senkt man das Gesicht möglichst weit zur Suppenschüssel, um nicht zu sagen: in die Schüssel, und zweitens darf nach Herzenslust geschlürft werden. Was man nicht einschlürfen konnte, darf man am Ende austrinken. Zumindest dann kommt die Schüssel zum Gesicht und nicht umgekehrt. Nach China zu kommen ist wie ein Tischregel-Befreiungsschlag, aber es ist nicht immer so lustig wie mit der Nudelsuppe.

Wer einen Fisch mit Stäbchen isst, wird Problem Nummer zwei erkennen: Wenn überhaupt, wird dieser nur grob zerlegt. Auch Fleisch wird in China nicht unbedingt erst entbeint, weshalb sich in den Speisen Gräten, Knorpel, Knochensplitter und Knochen finden. Viele Chinesen rollen das dann im Mund genüsslich zu einem Brei, den man verschlucken kann, und was man nicht verschlucken kann, wird – verständlicherweise – ausgespuckt. In einem durchschnittlichen chinesischen Lokal darf alles auf dem Boden landen, oder auf dem Tisch: Gräten, Knochen, Essensreste und natürlich Zigarettenstummel. Daher wachsen die Müllberge vor den kleinen Esslokalen auch so schnell an. Man darf sogar rülpsen und danach auch noch sagen: „Der hat sich gut angehört!" Als unhöflich hingegen gilt, was ich einmal verlangt habe: extra Sojasoße über das Essen – das machen nur Ignoranten. Wieder einmal beuge ich mich meinem Schicksal.

Die durch die Suppenschüssel gezüchtete „Kopf-in-die-Schüssel"-Haltung darf natürlich auch bei allen anderen Speisen eingenommen werden. Sehr schön finde ich immer wieder erwachsene Frauen, die sich in einen Maiskolben verbeißen, den sie nicht etwa hoch genug heben, um ihn noch halbwegs stilvoll zu essen, sondern die, ganz im Gegenteil, mit dem Maiskolben und dem Tisch quasi schon eine Ebene bilden und ein wenig wirken, als würden sie gerade einen Knochen abnagen.

Kleine Schalen hingegen werden angehoben. Und es ist überhaupt kein Problem, sich die Schale vor den Mund zu halten und mit den Stäbchen die letzten paar Reiskörner auf kürzestem Weg in den Mund zu befördern. Natürlich wird man nicht in jedem Lokal einfach so auf den Boden ausspucken, aber auch in guten Lokalen habe ich schon die Reste von Tafeln gesehen, auf denen es aussah wie auf einem Schlachtfeld.

Dass man sich, wenn man mit dem Zahnstocher im Mund herumstochert, nicht die andere Hand vor den Mund halten muss, ist auch klar. Ich glaube aber, dass niemand etwas dagegen hat, wenn man das tut. Außerdem wird in China immer und überall gegähnt, ohne dass man sich dabei die Hand vor den Mund hält. Wer Angst vor

Virenattacken durch schonungsloses Husten, Niesen und Spucken hat, kann gerne einen Mundschutz tragen. Das ist ziemlich „in"; man sieht allerdings zumeist Frauen mit Mundschutz. Ach ja, und man darf auch überall schlafen. Taxifahrer schlafen im Auto und dürfen aufgeweckt werden oder man schläft nach dem Mittagessen einfach einmal für zehn Minuten am Tisch, das ist kein Problem. Selbst Müllsammler, die auf den Bergen von gerade abgeholten Kartons ihr Nickerchen machen, sieht man immer wieder, nicht nur in meiner Nebenstraße.

Auch sehe ich absolut nie jemanden, der sich mit einem Taschentuch schnäuzt. Dabei kann man Papiertaschentücher jeder Lagenstärke in jeder Menge kaufen, aber ich hege den Verdacht, dass Damen diese nur deshalb bei sich tragen, weil sie, wenn sie eine öffentliche Toilette aufsuchen, zu 99,9 Prozent auf eine Toilette gelangen, wo es kein Papier gibt.

Meine über die Nebengasse hinausgehende Empirie besagt, dass es höchst unwahrscheinlich ist, eine Chinesin oder einen Chinesen beim Schnäuzen zu ertappen. Lieber wird aus Höflichkeit stundenlang die Nase hochgezogen, als dass man ein Taschentuch hervorzieht. Wenn man beobachtet, was geschieht, wenn man sich selbst schnäuzt, weiß man, warum. Ein gebrauchtes Taschentuch wieder in die Tasche zu stecken, gilt in China als extrem unappetitlich. Ich finde es nur leider nicht appetitlicher, selbiges auf den Boden zu werfen, und bin sozusagen in der Zwickmühle zwischen Fremdekel und Eigenekel gefangen.

Aber was ist dieser Ekel schon verglichen mit meinem Hauptekel?

Nicht anfreunden kann ich mich nämlich nach wie vor mit Hocktoiletten, und am allerwenigsten mit jenen, die aus nichts weiter bestehen als einer betonierten Plattform, in der einige Abflussrinnen frei sind, über die aber leider nichts abfließt, weil es keine Spülung gibt. Die verschärfte Version solcher „Toiletten" sind jene, in denen auch jegliche Trennwand fehlt. Bei Anlagen mitten in der Landschaft stößt man häufig auf solche Sanitäreinrichtungen. Aber auch Hocktoiletten mit Spülung und ohne Tür sind nicht unbedingt mein Fall. Schließlich will man seiner Nachfolgerin oder Vorgängerin auf dem Klo nicht unbedingt ins Auge blicken. Aber China ist groß, es leben hier viele Menschen und die haben offensichtlich keine so gestörte Beziehung zur eigenen Körperlichkeit wie wir Mitteleuropäer.

Ich beobachte es immer wieder: Chinesen berühren einander bei jeder Gelegenheit. Vielleicht wollen sie deshalb alle in den Zug einsteigen, aus dem die Passagiere erst aussteigen wollen. Eine Kellnerin wird der anderen zwischen zwei Gängen kurz den Nacken massieren. Junge Frauen gehen Hand in Hand, und wenn man in Streit gerät, wird man sofort einmal geschubst. Selbst bei heiteren Debatten habe ich schon erlebt, dass Frauen ihren Männern fast nebenbei einfach einmal kurz mit der Handtasche über den Kopf gefahren sind. Das fand ich als Frau sehr beeindruckend. Weniger beeindruckend finde ich hingegen, wenn mich ein selbst erklärtes Machtorgan tätlich angreift. Zum Glück hat mein sehr böser Blick vor Wiederholung des Erstschubsers immer noch Wunder gewirkt. Irgendwie mag ich nämlich nicht zurückschubsen, genau dorthin, in den Oberarm, wo man immer geschubst wird, wenn eine Diskussion heftig wird. An der Supermarktkassa entgeht man dem Kontakt ohnehin nicht und es ist für mich eigentlich nur wie die Wahl zwischen Pest und Cholera, ob ich lieber den Einkaufskorb oder den Arm des nächsten Kunden im Rücken habe.

Kulinarische Erkenntnisse

Aber dafür ist mein Supermarkt auch ein Quell von Weisheit und Freude. Ich staune nämlich immer noch über diverse Speisen und habe auch hier meine empirische Kategorisierung aufgestellt:

Kategorie eins sind jene Zutaten, die man zwar kennt, die aber ganz anders verwendet werden. So habe ich gelernt, dass Tomaten Obst sind. Sie werden nicht nur so gut wie nie gekocht, man bekommt Cocktailtomaten auch nur zum Nachtisch, gemeinsam mit Melone und Apfel. Gurken hingegen eignen sich zum Kochen, so zum Beispiel in der Kombination mit Shrimps und Cashewnüssen.

Kategorie zwei sind jene Teile von Tieren, die bei uns als Abfall gelten. Bei einer Pekingente beispielsweise bietet man dem Ehrengast den Kopf der Ente an. Und mein Supermarkt ist voll mit Köstlichkeiten wie gebratenen Hühnerfüßen etc. Die Menge an Snacks ist geradezu unüberschaubar. Getrocknetes Fleisch oder getrockneten Fisch gibt es in jeder Art in kleinen, plastikverpackten Portionen.

Die dritte Kategorie sind jene Produkte, die man als gleich zu erkennen glaubt. Naturjoghurt zum Beispiel. Chinesische Supermärkte sind voll mit Joghurt aller Sorten, es gibt auch jede Menge Naturjoghurt. Nur leider ist immer entweder Zucker oder Süßstoff beigemengt. Denn obwohl es nicht ihrer Tradition entspricht, mögen es Chinesen neuerdings süß, sehr süß! Und deshalb gibt es Brot fast ebenso nur gesüßt und in schwammiger Konsistenz.

Dafür gibt es in rauen Mengen Pulver, die – mit Wasser vermischt – ein schnelles Getränk oder einen schnellen Brei ergeben. Sojamilchpulver etwa hat mich schon über so manchen Joghurt-Mangel gerettet. Sesambrei schmeckt köstlich. Lotuswurzelbrei ebenfalls.

Nur eines schaffe ich noch immer nicht: das klassische chinesische Frühstück und keinen Kaffee dazu. Die Kombination von gebratenen Nudeln mit Fleisch und Gemüse sowie warmer Kuhmilch holt mich nicht wirklich aus den Federn. Es mag ein Klischee sein, aber ich kenne keinen Nicht-Chinesen, der sich daran gewöhnen kann, egal nach wie vielen Jahren in diesem Land. Eine Kollegin sagt immer: „Stell Dir vor, du bist beim Mittagessen." Eine gute Methode, aber ich habe ohnehin nie gerne gefrühstückt. Ganz Journalistenklischee eben.

Ich lebe mit dem Klischee, das die Chinesen mit mir verbinden, übrigens recht gut. Nachdem ich einmal geklärt habe, dass ich nicht US-Amerikanerin bin (das ist zuallererst einmal jeder Ausländer), und dann auch noch erklärt habe, dass ich nicht aus Australien, sondern aus Österreich komme, fliegen mir die Herzen zu. So mancher Chinese sagt dann nämlich: „Oh, Wien!" und beginnt umgehend, in der Luft Geige zu spielen. Seit ich hier lebe, bin ich sozusagen ein unsterblicher Fan des Neujahrskonzerts geworden. Das zweite Klischee nach dem Neujahrskonzert sind übrigens die Sisi-Filme. Also wir hätten es wirklich schlimmer erwischen können … Gab es nicht irgendwann einmal erschreckende Studien darüber, wie viele Menschen bei uns nicht täglich ihre Unterwäsche wechseln und auch nicht täglich duschen? Wenn das die Chinesen erfahren …

Geschäftsmann in China

Die Wunderpille

Ein österreichischer Geschäftsmann, der in China alles, vom Musical bis hin zu Verhütungsmethoden, revolutionieren will, hat mir einmal die Wunderwaffe gezeigt: „Das", so sagte er, „macht die Chinesen so verhandlungsfähig."

Was er dabei in der Hand hatte, war die Fotokopie einer Medikamentenschachtel. Es ist ein chinesisches Medikament, dessen Name mir jetzt leider entfallen ist, aber offenbar ist es in jeder Apotheke zu bekommen. Mein Gesprächspartner, der sich mitten im funkelnagelneuen Central Business District, kurz CBD, niedergelassen hat, sprach mit tiefster Überzeugung: „Ich habe die jetzt auch immer dabei." Er hat nicht den geringsten Zweifel daran, dass diese Tabletten wirken; er hatte genügend Gelegenheit zum Selbstversuch. Ich allerdings zweifle daran, dass das gesund sein kann.

„Zwei Stunden vor dem Geschäftsessen zwei davon und man hält all den Schnaps aus", gab mein Gesprächspartner das Geheimnis schließlich preis. „Trinken ist wichtig hier. Und wenn sich jemand erst einmal in Ihren Hemdkragen übergeben hat, dann ist das der Beginn einer Freundschaft für immer", meinte der Mann mit den Tabletten und den vielen Geschäftsideen. „Zwei Jahre lang habe ich hier nichts weiter getan, als Kontakte zu knüpfen; das waren viele Abendessen und viel Schnaps", sagt er. „Und deshalb kann ich jetzt hier arbeiten. Ich kenne zahllose Beispiele von internationalen großen Firmen, die meinen, dass allein ihr

Name hier jemanden beeindruckt. Da fällt so mancher auf die Nase. Netzwerken, das ist es, was man hier muss." Und deshalb hat er die Wunderpille jetzt auch immer dabei. Wie die Tabletten genau wirken, weiß er nicht, es war ihm auch gar nicht danach gewesen, den Beipackzettel zu kopieren. Hauptsache, der Inhalt wirkt.

Ich gestehe, ich habe diese Tabletten nie versucht und auch nie benötigt. Bei meinen Geschäftsessen geht es schließlich auch nicht darum, mir meine Vertragswürdigkeit zu ertrinken, sondern darum, Freundlichkeiten auszutauschen. Ich fühle mich hier eher als Vertreterin meines Landes, nicht als jemand, der die Zweigstelle einer Firma führt. Aber ich habe die Fotokopie mitgenommen für einen, der diese Wunderpillen vielleicht wirklich einmal benötigen könnte.

Der Mann, mit dessen Produktionsfirma wir als ORF in Peking zusammenarbeiten, musste nämlich tatsächlich schon so manche Aufwartung machen und dabei so manchen Schnaps kippen. Er ist Unternehmer und er kennt die Wichtigkeit von „Guanxi" – von Kontakten.

Ohne „Guanxi" geht gar nichts

Gernot Kuntze, oder besser: Bertie, wie wir ihn alle nennen, ist nicht einmal dreißig Jahre alt. Der Norddeutsche ist gelernter Kameramann, einer von jenen, die das Geschäft bei einem älteren Kollegen in jahrelanger, quälender Arbeit als Tonassistent gelernt haben. Einer von jenen, die bei jedem Moped, das gegen einen Baum gefahren ist, dabei waren und auf unzähligen Handelsmessen gedreht haben. Ich sage das voller Wertschätzung. Die besten Kameraleute, mit denen ich je gearbeitet habe, kommen aus

Landesstudios und haben als Assistenten begonnen, die wenigsten kommen von einer Filmakademie. Fernsehen ist eben nicht Film.

Im Alter von 24 heuerte Bertie für ein Praktikum beim Chinesischen Staatsfernsehen CCTV an. Dass es so weit kam, liegt daran, dass er bei einem Dreh in Deutschland ein chinesisches Team betreut hatte. Die chinesischen Kollegen hielten ihn für einen vom deutschen „Ausländeramt", also einen Aufpasser. Sie wussten nicht, dass man im Ausland ohne Aufpasser arbeiten kann und es solche „Ausländerämter" wie in China in Europa gar nicht gibt. Der tatsächliche – chinesische – Aufpasser des CCTV-Teams hingegen hielt ihn für einen fähigen Mann und bot ihm an, doch eine Schnupperlehre bei CCTV zu machen.

So landete Bertie bei einem Sender, bei dem der Großteil der Mitarbeiter nie zu sehen war und wo seine Ideen unerwünscht waren. Er sollte ein Jahr dort bleiben, aber nach ein paar Monaten war seine Neugierde erschöpft. China hingegen faszinierte ihn noch immer. Und der Mann, der ihn nach Peking gebracht hatte, wollte ihn so schnell nicht gehen lassen. Denn die beiden hatten eine Geschäftsidee. Bertie erkannte, dass es in diesem Land so etwas wie freie Produktionsfirmen nicht wirklich gab. Seine erste gründete er mit dem Mann, der ihn ins Land gebracht hatte, in der Hoffnung, Produktionen an CCTV oder ins Ausland verkaufen zu können. Das aber funktionierte nicht. Bei CCTV hatten sich Inländer den Markt und damit „Guanxi" aufgeteilt, im Ausland fehlte das Interesse. Als Bertie begriff, was der Markt wirklich benötigte, gründete er eine zweite Firma. Woran es China fehlt, sind nämlich Produktionsfirmen, die westlichen Auftraggebern jenen Standard an Kameraleuten und Cuttern bieten können, den sie gewohnt sind. Begonnen hat Bertie damit, sich selbst als Kameramann zu vermieten, dann heuerte er noch eine deutsche Kamerafrau an. Heute beschäftigt er einen immer größer werdenden Stab von Kameraleuten, Tonassistenten, Cuttern, Producern und Verwaltern.

Aber, so weit zu kommen war gar nicht so einfach. Nicht nur, weil er sich das Verbindungsnetz, „Guanxi" also, erst erarbeiten musste, sondern vor allem weil das, was Bertie heute macht, auf dem Papier eigentlich gar nicht existiert.

Gesetz vor Praxis oder Praxis vor Gesetz?

Und das ist das erste Problem. Wenn man in China Geschäfte machen will, kann man schnell feststellen, dass die gesetzlichen Grundlagen dafür einfach nicht vorhanden sind. In China gibt es nicht immer Gesetze, nach denen man sich dann richten kann, es gibt manchmal eine Realität, die den Gesetzen vorauseilt. Das heißt aber auch, dass man lange Zeit im luftleeren Raum arbeitet und ständig riskiert, plötzlich nicht weiterarbeiten zu dürfen. Ein Beispiel dafür, wie die Gesetzgebung der Realität manchmal nachhinkt, ist das erst 2007 verabschiedete Eigentumsgesetz. Vereinfacht ausgedrückt: Es ist erst seit 2007 möglich, rechtlich verbindlich Eigentümer einer Wohnung zu sein. Bevor es Eigentum auf dem Papier gab, gab es eine wachsende Mittelklasse, die Eigentum besaß – de facto. Erst jetzt kann sie das auch de jure.

Drei Jahre hat es gedauert, bis Bertie seine Lizenz als technischer Dienstleister erhielt. Ein Jahr lang hat man allein über den Unternehmenszweck und dessen Ausformulierung gestritten. Er versuchte es mit Hilfe der deutschen Handelsvertretung in Peking und mit einer chinesischen

Firma, die ausschließlich darauf spezialisiert ist, Firmen zu gründen. Beschleunigt wurde das Ganze dadurch nicht. „Unser Unternehmenszweck hat eigentlich keinen wirklich interessiert", erinnert er sich. „Das liegt heute in einer Lade. Unser Glück war schließlich, dass sich China damals geöffnet hat. Heute habe ich das Gefühl, es macht wieder zu", sagt Bertie. Er glaubt, dass er auf absehbare Zeit der einzige Ausländer in China bleiben wird, der über eine derartige Lizenz verfügt.

Im Alltag freilich stößt er immer noch an Grenzen. So dürfen Kameraleute in China eigentlich nicht ohne Akkreditierung arbeiten, andererseits aber kann ein technischer Dienstleister, weil er für die Technik und nicht für Inhalte zuständig ist, keine Kameraleute akkreditieren, das dürfen nur Fernsehanstalten.

Also haben Bertie und wir eine wunderbare Synergie entwickelt: Wir benötigen von ihm Kameraleute, da wir keine eigenen hierher geschickt haben; und weil wir sicherstellen wollen, dass uns diese Leute auch zur Verfügung stehen und sie legal arbeiten dürfen, haben wir sie akkreditiert. Das war zuletzt gar nicht so einfach. Sogar die Botschaft mussten wir für die Akkreditierung zweier Kameraleute bemühen. Mein Einwand, dass die beiden Herren erstens Deutsche und nicht Österreicher seien und österreichische Behörden zweitens für gewöhnlich keine Stellungnahme dazu abgeben, wen der ORF beschäftigt, nützte wenig: Erst nach einer diplomatischen Note und Vorlage eines Leumundszeugnisses durften die beiden Herren für den ORF akkreditiert werden.

Die Sache mit der Glasfaserleitung

Und das ist nur eine kleine Episode. Das nächste Problem liegt darin, dass einfach nichts geht, sobald irgendjemand nicht kooperationswillig ist. Ein schönes Beispiel dafür ist die Glasfaserleitung, die aus Berties Büro zum CCTV-Knotenpunkt für Überspielungen geht. Ich will an dieser Stelle nicht das Geringste gegen die Kolleginnen und Kollegen dort sagen, ganz im Gegenteil, sie handhaben Überspielungen und Liveschaltungen perfekt und haben dafür das modernste Gerät zur Verfügung. Die Sache ist nur: Es kostet Zeit, dorthin zu fahren. Und eigentlich könnte ich genauso gut aus Berties Büro schalten. Nur wage ich das nicht mehr.

Die Glasfaserleitung dient im Grunde nur dem Zweck, dass ich mich nicht physisch zu CCTV begeben muss, um eine Geschichte zu überspielen oder eine Liveschaltung zu machen. Das erleichtert einiges, denn die Fahrt dorthin kann je nach Tageszeit eine Stunde oder 15 Minuten in Anspruch nehmen. Also hat Bertie mit CCTV einen Vertrag über eine Glasfaserleitung, für die er CCTV auch jeden Monat etwas zahlt.

Unmittelbar nachdem wir das erste Mal einige Liveschaltungen von der Straße vor dem Büro gemacht hatten, war das Ganze aber dann nicht mehr so einfach. Schon bei der letzten Liveschaltung war mir aufgefallen, dass etwas nicht stimmen konnte, weil drei nette Herren in einem beigefarbenen Wagen mit viel Interesse auf dem Radweg, auf dem ich stand, vor und zurück fuhren und mir mit noch mehr Interesse zuhörten. Am nächsten Tag kam die Leitung für eine Geschichte aus unerfindlichen Gründen nicht zustande.

Die Kollegen von CCTV hatten zwar unser Bild, und

alles, was sie tun mussten, war, uns auf den Satelliten aufzuschalten – aber dafür hatten sie keine Erlaubnis. Und weil niemand ihnen dafür das O.K. gegeben hatte und ihnen auch kein diesbezügliches Mail oder Fax vorlag, taten sie es auch nicht. Das sind jene Augenblicke, in denen man versteht, dass kein noch so hohes Niveau an Technologie jemals etwas an den Mechanismen menschlicher Machtkämpfe ändern wird oder kann.

Es bedurfte einiger Anrufe und beträchtlicher Überzeugungsarbeit, um das wieder hinzubiegen. Eine Zeit lang jedenfalls lag die Glasfaserleitung brach. Die Begründung dafür war einfach: Auch Glasfaserleitungen zu CCTV dürfen nur Fernsehanstalten haben, nicht technische Dienstleister. Im Übrigen benötige man dafür die Genehmigung des Außenministeriums. Beim Versuch, diese mysteriöse Genehmigung einzuholen, erfuhr Bertie allerdings, dass es eine solche Genehmigung gar nicht gibt. Es wurde hier also von einem Unternehmen ein Papier verlangt, das nicht existierte!

Wenn man in China etwas nicht will, so ist es die übliche Taktik, den anderen einfach auflaufen zu lassen. Im Kreis geschickt zu werden, ist keine Seltenheit. Das alles zeigt aber auch, dass es beim Geschäftemachen in China schlussendlich um eines geht: um Vertrauen. „So richtig vertraut einem natürlich keiner, und so geht es einfach darum, sich dieses Vertrauen zu erarbeiten", sagt Bertie.

Mittlerweile ist der Glasfaserleitungs-Konflikt lange Geschichte. Wir können Beiträge wunderbar überspielen. Für Liveschaltungen fahre ich aber immer noch zu CCTV. Das ist ein modus vivendi, der offenbar allen Beteiligten passt.

Gut Ding braucht Weile

So mancher westliche Unternehmer hat sich schon darüber gewundert, dass in China so vieles auch ohne Vertrag zustande kommen kann, einfach auf eine Zusage, auf ein Wort hin. Und das kann auch funktionieren.

Dennoch gibt es dabei Dinge, die Bertie immer noch wahnsinnig machen. So zum Beispiel, dass niemand im Stande ist, in Verhandlungen ein klares Ja oder Nein zu formulieren, und er ständig gezwungen ist, Signale zu deuten. Diese werden nicht nur ausgesendet, sie werden einem auch überbracht – auf Umwegen. Wenn jemand das Wohlwollen eines Dritten durchblicken lässt, so kann das ein Signal dafür sein, weiterzumachen, ebenso wird man auch durch kryptische Signale gebremst. Ein erfolgreicher Unternehmer in China zu sein, erfordert offenbar nicht nur Geschäftssinn, sondern auch hohe soziale Intelligenz. Manchmal, so Bertie, halte er das mit dem „Gesichtsverlust" in Verhandlungen nicht mehr aus. Manchmal wolle er einfach Klartext sprechen. Aber wann immer er deutlich werden will, bremsen seine Dolmetscherinnen und bleiben vage. Denn sie meinen, so könne man das einem Chinesen nicht sagen. Dabei ist Bertie offensichtlich einer, der die Grenzen ausloten will. Und manchmal will er das auch klarmachen.

Trotz all dieser Signaldeutungen und trotz planloser Verhandlungen, in denen nichts ausverhandelt wird, hat Bertie es geschafft. Erst kürzlich hat er jenes Papier bekommen, das ihn zum wirklich legal in China arbeitenden Ausländer macht. Sein „Alien employment permit", das aussieht wie ein schlammgrüner Reisepass, ist nach vier Jahren des Wartens und der Verhandlungen wie ein Meisterbrief, ein Diplom.

Geschäftssinn mit Hindernissen

Eine Firma zu gründen, die es gar nicht geben kann, war aber nur sein erster Coup. Der noch viel größere war, den ersten ausländischen Satellitenwagen ins Land zu bringen, der hier jemals zugelassen wurde. Der SNG mit Lüneburger Kennzeichen ist nicht nur der erste ausländische, er ist der erste private Satellitenwagen in ganz China überhaupt. Nun mag man in unserem Medienzeitalter den Betrieb von Satellitenwagen, die Liveschaltungen von allen Orten aus erlauben, für wenig spektakulär halten, im Falle Chinas ist es das aber. Denn ein Satellitenwagen ermöglicht genau das, was man in China eigentlich nicht haben will: unbeobachtet zu senden. Wie bereits gesagt, gehen Überspielungen in China in der Regel nur von CCTV oder der chinesischen Telekom ins Ausland. Jede Überspielung kann gesehen und – zumindest theoretisch – auch gekappt werden. Bei einem Satellitenwagen geht das nicht.

Und noch erstaunlicher ist, wo er diesen eingesetzt hat. Beim Erdbeben in Sichuan im Mai 2008 war Berties Geschäftssinn der Realität in China wieder einmal voraus. Er wollte den Wagen dafür nützen, wofür das Kürzel der englischen Bezeichnung SNG steht: zum „Satellite News Gathering", also zu „Sammeln" von Neuigkeiten. Als technischer Dienstleister verfügt Bertie allerdings nur über die Genehmigung, das Fahrzeug an jemanden zu vermieten, der sich seinerseits um die inhaltliche Genehmigung kümmern muss, damit zu senden. Versuche, nach dem Beben eine offizielle Genehmigung für den Betrieb des Wagens zu erhalten, stießen aber wieder einmal auf das Problem, dass man kein klares Ja oder Nein zur Antwort erhält. Das Ausländeramt von Sichuan blieb kryptisch, das Signal schien jedoch auf ein Ja hinzudeuten: „Wir werden Sie nicht stoppen", hieß es. Eine explizite Genehmigung oder gar ein offizielles Papier, auf dem diese auch bescheinigt wurde, gab es nicht. Ein solches wäre aber gut gewesen in einem Land, in dem man ohne einen offiziellen Stempel nur halb so viel wert ist wie mit Brief und Siegel.

Bertie fuhr seinen SNG in einer Gewalttour mit zwei Fahrern in zwei Tagen von Peking aus mitten in die zerstörte Stadt Hanwang, von der aus zuallererst die ARD und wir gesendet haben. Später kamen andere Anstalten hinzu. Dieser SNG war die einzige Möglichkeit für Liveschaltungen mitten aus dem Erdbebengebiet. Ich habe einige Tage beim Team ausgeharrt und von dort berichtet. Bertie und seine Leute blieben fast drei Wochen lang. Sie lebten und arbeiteten in einer Schutthalde, unter Bedingungen, die schlicht untragbar waren, in Zelten, ohne Fließwasser, inmitten einer zerstörten Stadt. Der Armee auf der Nebenwiese ging es nicht besser. Aber sie wurde täglich skeptischer gegenüber diesen Ausländern.

Nach drei Wochen wurde Bertie schließlich von der Geheimpolizei besucht. Diese hat nicht etwa bemängelt, dass hier ein Gerät sendete, das es in China eigentlich gar nicht geben durfte, ohne die Genehmigung, die einem nicht erteilt werden konnte. Sie verwies das Team vielmehr des Platzes, weil es sich nicht polizeilich gemeldet hatte.

„Wo hätten wir uns denn melden sollen?", fragten Berties Leute, „gibt es hier etwa noch eine Polizeistation, die noch besetzt ist?" Tatsächlich war Hanwang völlig zerstört und es gab nirgendwo auch nur den Ansatz eines Amtes oder von jemandem, der inmitten der Rettungsarbeiten, der Flüchtlingsströme und der humanitären Anstrengungen auch nur einen Gedanken daran verschwendet hätte, wo er das Formular für eine polizeiliche Anmeldung finden konnte, sollte oder wollte.

„Egal, das ist das Gesetz", erklärten die Herren von der Geheimpolizei, verwiesen das Team des Platzes und kassierten umgerechnet 20 Euro Strafe wegen Verstoßes gegen das Meldegesetz.

Und da wurde wieder klar: Beim Geschäftemachen in China geht es um Instinkt und Talent, aber es geht auch um die herrschende Großwetterlage. Es geht um die Gunst der Stunde oder ihre Missgunst. Es gibt immer wieder eine absurde Vorschrift, die etwas unmöglich macht. Es gibt immer wieder eine Vorschrift, die zum Vorwand werden kann. Es gibt aber auch immer wieder Schlupflöcher und Grauzonen, die man nützen kann. Wer in China Erfolg haben will, muss wissen, wie weit er etwas ausreizen kann, er muss aber auch wissen, wann er sich besser wieder zurückzieht. Bertie scheint es verstanden zu haben: Nach dem Besuch der Geheimpolizei ließ er den SNG nach Peking zurückbringen, aber nur, um ihn bei nächster Gelegenheit wieder ausfahren zu lassen.

Freund oder Feind

„Damen, Herren, Freunde", mit diesen Worten beginnt so manche Rede in China, es sei denn, es handelt sich um eine Rede in einem politischen Kreis, dann folgen den Freunden noch die Genossen oder die Freunde werden gleich durch die Genossen ersetzt. So teilt sich China oft in Genossen und Freunde, wobei mit Letzteren noch öfter die anwesenden Ausländer gemeint sind.

In Peking gibt es immer noch sogenannte „Freundschaftsläden" und ein „Freundschaftshotel". Bis vor wenigen Jahren waren diese Freundschaftsläden die einzigen, in denen Ausländer einkaufen konnten, und das Freundschaftshotel, abgesehen von den Wohnungen in den Diplomatenvierteln, das einzige Quartier, in dem man als Ausländer absteigen durfte. Mittlerweile hat sich das geändert. Wir dürfen überall einkaufen und dabei auch die gleiche Währung verwenden wie die Chinesen und wir dürfen auch jede Wohnung mieten. Aber an der Betonung der Freundschaft hat sich nichts geändert.

Mich fasziniert immer wieder, wie Regime ganz offensichtlich das unterstreichen, woran sie ebenso offensichtliche Zweifel haben. Man bedenke nur, welche Staaten sich noch ein „demokratisch" im Namen voranstellen müssen. Bei einem Aufenthalt in Pjöngjang habe ich erlebt, wie China in den 1970er-Jahren wohl noch gewesen sein muss. Ein Mitreisender, der das China jener Jahre und das Nordkorea des Jahres 2007 erlebt hat, bestätigte diese Beobachtung. Ich war kaserniert in einem Hotel, mit Euro oder Dollar als einzigen zulässigen Zahlungsmitteln, und durfte keinen Schritt ohne Begleitung tun. Mit meinem Betreuer, oder sagen wir besser: Aufpasser, hatte ich mehr als eine Konversation, auch wenn er ebenso kryptisch, oberflächlich und unverbindlich blieb wie ich. Herr Jong, ein gleichermaßen gebildeter wie misstrauischer Mann, hatte ein offensichtliches Problem damit, wenn zur Abwechslung ich ihn etwas fragte. „Wie sehen Sie uns Europäer eigentlich?", fragte ich also, nachdem ich zahllose Male über meine Eindrücke von Nordkorea befragt worden war. „Was denken Sie eigentlich über Europa, was wissen Sie über uns?", ließ ich nicht locker. Herr Jong, wie immer intensiv nachdenkend, bevor er in perfektem Englisch seine Antwort formulierte, meinte darauf wie aus dem Buch: „Wir glauben, Sie Europäer sind unsere Freunde, sonst wären Sie nicht hier."

Nun ist China nicht Nordkorea, zwischen dem Grad der Entwicklung und dem Grad der Offenheit hier und dort liegen Welten, aber mit der Freundschaft ist es auch in China noch so. Ich meine jetzt nicht, dass man bei jeder Gelegenheit auf die beiderseitige Freundschaft trinkt, ich meine vielmehr, dass es im Großen und Ganzen ein sehr einfaches Weltbild gibt: Die Welt teilt sich in Feinde und Freunde.

Die Arbeit als Journalist – keine leichte Aufgabe

Da wir Journalisten von Berufs wegen eine Zwischenkategorie sind und sein müssen, ist es alles andere als leicht, hier zu arbeiten, vor allem, wenn es darum geht, Grenzen einzufordern, ohne dabei unhöflich zu werden, oder sich schlicht und einfach wie ein Journalist zu benehmen, ohne dabei aus dem Rahmen zu fallen.

China ist nämlich ein Land, in dem sich vor der Pressekonferenz des Premierministers nicht nur alle Journalisten erheben, wenn dieser den Raum betritt, China ist auch ein Land, in dem die Journalisten ihrem Premierminister applaudieren, wenn dieser den Raum betritt. Wie kritisch die Fragen nach einem solchen Auftrittsapplaus ausfallen, kann man sich ausmalen. Es ist aber nicht so, dass Ausländer dort keine Fragen stellen dürfen. Sie dürfen, wenn sie erstens wichtig genug sind und zweitens ihre Fragen vorher schriftlich eingereicht und eine Zusage erhalten haben. Aber die ersten Fragen gehören zwei Medien: der staatlichen Nachrichtenagentur Xinhua und dem staatlichen Fernsehen CCTV, das zumeist in den Nachrichten ohnehin nur sendet, was die Xinhua vorher veröffentlicht hat. Und was die Xinhua veröffentlicht, wird sozusagen von der Partei diktiert. Also hält die Kollegin von der Xinhua ein nettes Ko-Referat über die Errungenschaften der Regierung, in dem so etwas wie eine Frage nur schwer zu erkennen ist. CCTV tut es ihr gleich, wenn auch weniger elaboriert. Wir Ausländer bleiben großteils Statisten in einem sonderbaren Theater. Wir verstehen uns nicht als Feinde, aber wir wollen auch keine über alles hinwegsehenden Freunde sein, denn beides ist nicht unser Beruf. Wir sind vielmehr Seiltänzer über einem schmalen Grat.

Als wäre das nicht schon schlimm genug, müssen wir auch ständig auf der Hut vor unseren Kolleginnen und Kollegen sein. Denn wenn in China etwas Wichtiges geschieht, werden wir oft selbst zur Geschichte. Wenn einmal im Jahr der Volkskongress tagt, ist unsere größte Hürde, um in die Große Halle des Volkes zu gelangen, nicht etwa der hypermoderne Sicherheitscheck; die größte zu überwindende Hürde sind vielmehr die zahllosen Kolleginnen und Kollegen, die mit Mikros auf uns losstürmen und eine

Stellungnahme von uns haben wollen. „Was halten Sie vom Volkskongress?" Was sollte ich darauf ernsthafterweise antworten? Schweigen ist Gold, denke ich mir. Erst habe ich immer nur abgewinkt, wie ich es von Leuten gelernt habe, auf die ich zustürme und die nicht mit mir sprechen wollen. Die Welt ist eben doch gerecht. Ich habe in China gelernt, wie es sich anfühlt, wenn einem ein Mikrofon unter die Nase gehalten wird. Das wird zwar nichts daran ändern, dass ich weiterhin Mikros unter fremde Nasen halten werde, denn das gehört leider zu meinem Beruf, aber ich habe in der „Opferrolle" eine eigene „No-comment-Technik" für China entwickelt. Und diese wirkt Wunder. Mittlerweile habe ich mir nämlich angewöhnt, ganz einfach zu sagen, dass uns unsere Zentrale keine Interviews erlaubt. Das ist zwar völliger Unsinn, aber sehr hilfreich. Sich auf Chefs auszureden, hilft in China schneller und besser als alles andere. Wer könnte besser verstehen als ein chinesischer Kollege, wie es ist, wenn der Chef etwas verboten hat?

Leider musste ich meinem Vorsatz einmal untreu werden, denn ich wurde sozusagen zu tief in die Freundschaftsspirale hineingezogen, und das geht schneller, als man glaubt.

Essen und Trinken erhalten die Freundschaft

Im Zuge der Olympiaberichterstattung wurde ausländischen Journalisten erlaubt, sich frei im Land zu bewegen. Bis zu dieser Regelung war immer die Genehmigung des lokalen Ausländeramtes notwendig. Wir müssen diese nicht mehr einholen, es dennoch zu tun, kann eine Geschichte bisweilen aber erst möglich machen. Als wir uns in den hintersten Winkel von Heilongjiang im Nordosten Chinas begeben wollten, um dort einen Beitrag über Sojabauern und die bäuerliche Gesundheitsversorgung zu drehen, wandten wir uns an das Ausländeramt. Die Entscheidung war eine pragmatische. In dem Dorf, in dem wir schließlich gedreht haben, waren wir die ersten Ausländer, die man dort je gesehen hat. Man kann sich ausmalen, wie die Menschen reagiert hätten, wären wir einfach so aufgetaucht und von Tür zu Tür gegangen. Ich stelle mir bei solchen Reisen immer die Frage, wie viel Output für uns allein machbar ist und wie viel Behinderung die Begleitung durch das lokale Ausländeramt bedeutet. Wenn wir sehen, dass wir ohne Hilfe in einer Geschichte nicht so weit kommen wie mit Hilfe, gehen wir den Weg über das Amt. Eine Geschichte in Begleitung ist immer noch besser als gar keine Geschichte, sage ich mir.

Einige Monate später waren wir wieder in Heilongjiang, bei einer völlig anderen Geschichte, allein und mit der Tatsache konfrontiert, dass wir in der Kleinstadt Heihe auf Schritt und Tritt nach unseren Papieren gefragt wurden und sich wie ein Lauffeuer herumgesprochen hatte, das da „die Österreicher" unterwegs seien. Begleitet zu werden hat seine Nachteile, es hat aber auch große Vorteile. Die Sojabauern sind gestellt, wenn man sie braucht, das lokale Krankenhaus ist informiert, die höchsten Funktionäre stehen bereit. Und gerade in dem kleinen Dorf in Heilongjiang habe ich ein Ausländeramt erlebt, das sehr hilfreich war. Den Herren musste von uns zwar erst erklärt werden, dass 20 Menschen in einem Raum, in dem wir drehen wollten, für die Geschichte nicht gut seien, aber sie bemühten sich ehrlich, uns zu helfen. Wir hatten auch nicht den Eindruck, dass sie uns etwas verbergen wollten, und machten sie immer wieder höflich darauf aufmerksam, wenn zu dick aufgetragen wurde. Wir wollten die Bäuerin, die immer zu Fuß ins Krankenhaus geht, nicht vom bereitstehenden Krankenwagen und vier Sanitätern ins Krankenhaus fahren lassen. „Danke für den Krankenwagen, aber wir brauchen ihn nicht." Es wurde akzeptiert. Aber dass wir Journalisten sind bzw. dass Journalisten bei uns eine andere Aufgabe haben als in China, war unseren Herren Begleitern nicht ganz klar.

Der lokale Parteisekretär hatte unser gesamtes Programm durchgeplant. Und wie es in China so ist, wird laut Protokoll vor allem gegessen und getrunken. Das erste Mittagessen nach unserer Ankunft hatten wir mit dem Bürgermeister der Stadt Suihua. Da die Runde der uns begleitenden Menschen so groß war, bestand dieses Essen vor allem aus Tischreden und dem nach jeder Rede obligaten Befehl „ganbei", was so viel heißt wie „trockener Becher" oder, einfacher gesagt, dass man ein Glas Schnaps austrinken muss. Zum Beweis dafür, dass man es getan hat, dreht man das Glas dann um und hält es stolz in die Runde.

Das war aber nicht das einzige Essen dieser Art während unseres Drehs in Heilongjiang, wobei es meiner Produktivität sehr entgegenkam, dass ich eine Frau bin. Ein Mann hätte unmöglich machen können, was ich bei all diesen Essen getan habe, nämlich darauf zu verweisen, dass ich eben eine Frau sei und all diesen Schnaps nicht vertrage. Einmal, so dachte ich mir, ist es ein Vorteil, in China eine Frau zu sein. Mein armer Kollege Michael musste dementsprechend öfter daran glauben, um die Ehre des ORF zu retten.

Schnaps ist aber nicht das einzige Hindernis bei organisierten Drehs in der Provinz. Nach dem üppigen Mittagessen ging es diesmal weiter in das Dorf, wo man uns nicht nur ein weiteres Essen zubereitet hatte, sondern auch eine Abendgestaltung auf dem Programm stand. Das Parteikomitee von Suihua hatte allen Ernstes eine Kultur-veranstaltung für uns vorbereitet, mit eigens gedruckten Einladungen, auf denen stand, dass diese Veranstaltung zu Ehren des Besuches des Österreichischen Fernsehens stattfinde. Mit geduldigem Zuhören und höflichem Ap-plaus war es für uns allerdings nicht getan. Nach einer Stunde Pekingoper und einer gesanglichen Darbietung des hohen Kaders schlug meine Stunde: Es galt die Ehre zu erwidern, indem man ebenfalls sang. Damals beschloss ich, unbedingt ein chinesisches Volkslied zu lernen, denn angesichts der Vorweihnachtszeit fiel mir nichts Besseres ein als die erste Strophe von „Stille Nacht", womit der an-wesende Bontempiorgel-Spieler dann doch überfordert war. Ich war sozusagen die einzige A-cappella-Darbietung des Abends.

Am folgenden Tag ermöglichte uns das Parteikomitee alles, was wir wollten, solange wir uns nur genau an die chinesischen Essenszeiten hielten. Wie hätte ich da dem lokalen Reporter, der plötzlich aus dem Nichts aufgetaucht war und in uns die größte Sensation sah, die dem Dorf in Jahren widerfahren war, widerstehen können? Im Dorf außerhalb von Suihua, in der Küche eines Bauernhauses, in die ich mich gerade erst zurückgezogen hatte, um meine klammen Zehen am Heizkörper zu wärmen, war Schluss mit der Ausrede von den Chefs. Man kann schließlich auch diplomatisch sein. Ich antwortete auf die übliche „Was halten Sie von"-Frage wahrheitsgemäß, dass mich das harte Leben der Bauern hier sehr berühre, die auch bei Minus 30 Grad im Freien arbeiteten, und dass das Leben von Bauern überall auf der Welt – auch in meinem Land – sehr hart sei, sie aber einen sehr wichtigen Beitrag für die Gesellschaft erbrächten, wofür man ihnen danken müsse.

Ich muss nicht hinzufügen, dass uns auch zum Abschied noch einmal ein feudales Essen serviert wurde, Schnaps und Tischreden inklusive. Aus dem Österreichischen Fernsehen wurden „Freunde" und wieder habe ich wahrheitsgemäß, aber diplomatisch erwidert, wie sehr mich die Freundlichkeit, Hilfsbereitschaft und Gastfreundschaft hier rührten, zumal ich aus einem Land käme, in dem Politiker Journalisten zumeist nicht Freunde nennen (zumindest nicht öffentlich, füge ich jetzt hinzu). Und dann trank auch ich mein Glas aus. Wie der Parteisekretär und sein Propagandachef diese Tischrede verstanden haben, sei ihnen überlassen. Sie haben uns jedenfalls höchstpersönlich zum Bahnhof begleitet – wo es, sehr zum Missfallen des Parteichefs, leider keine Zeit mehr für eine letzte Runde gab – und uns nach herzlichen Umarmungen in den Nachtzug gesetzt. Diese Herren gehören zu den nettesten Kadern, mit denen ich in China bislang zu tun hatte. Sie haben uns Türen geöffnet, die uns sonst verschlossen geblieben wären. Und ich nütze diese Gelegenheit um festzuhalten, dass in Suihua Biosoja produziert wird und die Herren Kader nichts lieber hätten als eine Städtepartnerschaft mit einer österreichischen Stadt, die ebenfalls Lebensmittel verarbeitet … Trinkfeste Bürgermeister aus Österreich sind also gesucht!

Suihua will mich zur Ehrenbürgerin machen, wenn wir eine österreichische Gemeinde finden, womit ich wohl endgültig belegt hätte, wie schnell man in der „Freundschaftsspirale" in einen ziemlichen Wirbel geraten kann.

Hilfreiche Beziehungen

Wir Ausländer-Freunde sind natürlich auch Propaganda-mittel. Wenn man ahnungslos einen Abgeordneten zum Volkskongress interviewt, kann man ziemlich schnell dabei fotografiert werden. Herr Chen zum Beispiel verteilte Bambuskörbe, um gegen den Plastiksackwahn zu protestieren, und der Augenblick, in dem er mir im wahrsten Sinne des Wortes einen Korb gegeben hat, wurde natürlich von einem Fotografen festgehalten und fand sich tags darauf in der „China Daily". „… Chen Fei shares a light moment with Austrian reporter …", steht da, nur weil wir einander höflich zugelächelt haben, er mit einem Bambuskorb in der Hand und ich mit dem meinen, den ich gerade erst bekommen hatte. Ich habe beschlossen, dieses Foto aufzuheben, man weiß nie, wann es einem hilft.

China ist nämlich ein Land, in dem vieles – um nicht zu sagen alles – am schnellsten über Beziehungen funktioniert. Daher ist auch nicht verwunderlich, dass die Korruption hier blüht. Für jemanden wie mich, der sich nicht zuletzt wegen der Notwendigkeit der Kontaktpflege zu Politikern und deren Sekretären nie zur Innenpolitik hingezogen gefühlt hat, ist das alles andere als einfach. Also wandere ich den schmalen Grat entlang, zeige mich, wünsche ein frohes Neues Jahr, bleibe höflich und halte mich im Übrigen an den Grundsatz, dass man nicht immer alles aussprechen muss, was man gerade denkt. Schließlich bin ich im Land der Gesichtswahrer. Manchmal fühle ich mich, als wäre ich eher im diplomatischen Dienst als im Journalismus. Die Tatsache, dass ich für ein „staatliches" Fernsehen arbeite, verstärkt das noch. Denn man sollte sich keinerlei Illusionen hingeben: Wenn vom Österreichischen Rundfunk die Rede ist, wird immer gefragt, welche Art

Rundfunk das denn sei – staatlicher oder privater. Privat ist mein Arbeitgeber nicht, öffentlich-rechtlich kennt man hier nicht, also sage ich „staatlich". Das verleiht mir fast so etwas wie Immunität, denn ich werde damit plötzlich zur Vertreterin meines Landes.

Ich arbeite hier eben in einem System, das unsere Art von Journalisten nicht kennt. Dass Journalisten keine Sprachrohre sind, muss in China erst durchsickern, ebenso wie erst durchsickern muss, dass nicht jeder, der etwas hinterfragt, unbedingt ein „Feind" ist oder man kein „Freund" sein muss, um eine Geschichte fair wiederzugeben.

PR will gelernt sein

Da man Journalisten in China keine Geschichten „verkaufen" muss, sondern sie ohnehin tun, was angesagt ist, ist es um die Öffentlichkeitsarbeit manchmal sehr traurig bestellt. Mein schönstes Beispiel für diese verkehrte Welt ist die sehr junge und wohl etwas überforderte Pressesprecherin des neuen Pekinger Opernhauses. Als dieses zur Jahreswende 2007/2008 eröffnet wurde, verfolgte sie eine Informationspolitik, als hätte sie die PR-Stelle eines geheimen Atomwaffenbunkers bekleidet. Sie konnte uns weder sagen, wann genau das Opernhaus eröffnet würde, noch konnte sie uns sagen, ob und wann genau es eine Presseführung oder eine Pressekonferenz geben würde, noch konnte sie uns ein Interview mit einem der Verantwortlichen organisieren. Dass lang bekannte Termine bis zuletzt geheim bleiben, ist in China üblich. Am Vorabend eines Ereignisses eine SMS zu bekommen, in der einem mitgeteilt wird, dass man sich um 7.30 Uhr früh irgendwo einzufinden habe, ebenfalls. Doch zumeist funktionieren Kulturinstitutionen professioneller. Das Verhalten der Pressestelle war umso unverständlicher, als die Eröffnung eines beeindruckenden neuen Baus in Peking alles andere als Anlass für einen investigativen Beitrag ist, der ein schlechtes Licht auf das Land werfen könnte. Hier ging es im Grunde um PR für dieses Opernhaus, eine PR, für die die Pressestelle eigentlich zu sorgen hätte, die sie aber nach allen Kräften zu verhindern wusste. Nach wochenlangem Gerangel stellte man uns dann doch Gratiskarten für eine Führung zur Verfügung, allerdings leider nur zwei, weshalb ich mit dem Kameramann allein aufbrechen musste. Aber wir hatten Reporterglück: Statt des Interviews mit dem Operndirektor, das nie organisiert worden war, lief ich Paul Andreu, dem Architekten des Hauses, in die Arme und er mir sozusagen in mein Mikrofon.

Einige Wochen später hatte Starpianist Lang Lang eine Meisterklasse in eben diesem Opernhaus. Diesmal kamen wir über direkten Kontakt zu ihm mit einer seiner Limousinen an, saßen mit ihm in seiner Garderobe und führten ein recht entspanntes Interview, bevor er auf die Bühne musste. Weniger entspannt war allerdings die Pressesprecherin der Oper, die ausgerechnet uns im Schlepptau des Starpianisten erblickte. Ich hätte die Gelegenheit nützen sollen, ihr noch einmal meine Visitenkarte in die Hand zu drücken. Denn im Gefolge des Starpianisten war ich plötzlich jemand, den sie besser nicht so schnell vergaß. Ein Freund, sozusagen. Ein Freund nicht nur des Starpianisten, sondern des Opernhauses, um nicht zu sagen Chinas. So schnell kann es gehen. Wir sollten darauf und auf unsere neu gefundene Freundschaft trinken, Genossin Pressesprecherin!

Der halbe Himmel –
das Frauenbild in China

Eheanbahnung auf chinesisch

An Sonntagen kann man in einem Pekinger Park unter all
den anderen Schatten suchenden Müßiggängern eine besondere Spezies finden: Sie sitzen auf Bänken, auf den Be-
grenzungen oder lehnen an Bäumen und haben nicht die
üblichen, in China allgegenwärtigen Spielkarten vor sich
liegen. Vor ihnen liegen handgeschriebene Zettel mit ein
paar Kerndaten. Die besseren unter den Verkäufern na-
geln sogar Poster an den einen oder anderen Baum. Denn
sie haben etwas anzubieten, was sie dringend anbringen
wollen. Und es ist nicht ein Gut aus zweiter Hand, das sie
hier feilbieten, sondern sozusagen etwas aus erster Hand:
Die Menschen sind Eltern, und was sie anpreisen, sind ihre
Kinder.

Kaum etwas in China sagt mehr aus über den Stellenwert der Ehe und deren Zustandekommen als dieser Park.
Es ist, wie gesagt, kein Park in der tiefsten Provinz, wo sich
Bauern untereinander ausmachen, wie der Stammbaum
fortzusetzen ist; es ist die chinesische Hauptstadt und in
diesem Park sitzen Eltern ohne das Wissen ihrer Kinder.
Man lernt einander kennen, plaudert über den Beruf des
Sohnes und die Schönheit der Tochter und klärt im Vorhinein, wie kompatibel ein Paar sein könnte. Bei Über-
einstimmung wird sozusagen ein Familien-Rendezvous
vereinbart. Liebe ist hier offensichtlich zweitrangig. Verständlicherweise wünscht man bei diesem Verkuppeln

keine Zeugen. Mein Kameramann wird mehrmals mit dem Regenschirm bedroht, dreht aber unbeirrt weiter, ein selbst ernannter Sprecher dieser Eltern will uns wiederholt verjagen. Es gelingt ihm nicht, weil dieser Park ein öffentlicher ist und ihn die Parkwächter bei seinem Vorhaben nicht wirklich unterstützen können oder wollen. Einschüchterung wirkt allerdings, auch auf den Ehemann der Frau, die uns noch in die Kamera sagt, dass sie wegen ihres Sohnes da ist – aber da wird sie schon rüde unterbrochen. Der selbst ernannte Sprecher des Parks hat so viel Einfluss auf andere Eltern, dass sogar jene, die mit uns sprechen wollen, plötzlich mundtot gemacht werden. Offensichtlich kommt er seit Jahren in diesen Park, was doch einigen Aufschluss über die Vermittlungsfähigkeit seiner Familie gibt.

„Wir haben eine 5000 Jahre alte Geschichte", keift eine Frau auf uns ein, die damit wohl sagen will, dass man hier, wenn man aus einem Land mit kürzerer Geschichte kommt, kein Recht hat, eine Geschichte zu recherchieren. Und ein netterer Herr im blauen Hemd sagt uns ganz ruhig: „Was wir hier machen, ist eine Privatangelegenheit, wir wollen dabei nicht gedreht werden." Durchaus verständlich. Wie es um die Privatsphäre der Kinder steht, die ohne ihr Wissen hier von den eigenen Eltern verkuppelt werden, können wir ihn dann allerdings nicht mehr fragen.

Zweifelsohne kann dieser Park nur deshalb funktionieren, weil die betroffenen Kinder nicht wirklich widersprechen werden, wenn ihnen von den Eltern einmal gesagt wird, dass ein „Date" vereinbart wurde. Dass man ganze Familien heiratet, wird weitgehend akzeptiert oder muss, besser gesagt, akzeptiert werden. Es ist der Preis für die eigene Bequemlichkeit.

Aus meiner persönlichen Erfahrung und aus jener meiner Bekannten und Freunde weiß ich, dass Emanzipation vom Elternhaus im Westen folgendermaßen beginnt: Man kauft sich sein eigenes Bett – vorzugsweise bei einer skandinavischen Möbelkette – und ist damit erwachsen, auch wenn man in eine Küche-Kabinett-Wohnung mit Toilette am Gang zieht, das komfortable Hotel zu Hause also gegen weniger Komfort, dafür aber Eigenverantwortung eintauscht. Diese skandinavische Möbelkette leistet auch in China ihren Beitrag zur Hebung der Wohnqualität, allerdings werden die Betten zumeist dort aufgestellt, wo man schon sein bisheriges Leben verbracht hat: im Kinderzimmer. In China ist es nach wie vor üblich, dass auch Dreißigjährige noch bei ihren Eltern wohnen. Sie leben manchmal sogar weiterhin in ihrem Kinderzimmer, selbst wenn sie mit dreißig oder Mitte dreißig endlich heiraten. Man liefert Kostgeld ab, mit Partner dann eben für einen Mund mehr, und verschiebt den Plan einer eigenen Wohnung auf später. So gesehen ist es nur verständlich, dass die beiden Familien einander auf Kompatibilität abtesten. Mehr Menschen als man annehmen würde, sind heute immer noch dazu bereit, die Ehe auf diese Art und Weise zu schließen.

Unverheiratet zu sein, scheint in China undenkbar zu sein. Man muss jemanden haben, egal ob man ihn liebt oder nicht. Besonders hoch ist hier der Druck auf die Frauen. „Frauen tragen die Hälfte des Himmels", ist ein oft zitierter Spruch von Mao, der den Ruf nach Gleichberechtigung ausdrücken soll. Tatsächlich muss man sich aber nur die Parteistrukturen ansehen, um festzustellen, wie wenig davon umgesetzt wurde. Die Partei ist fast durchgängig ein reiner Männerverein und die meisten „Experten" in China sind ebenfalls Männer. Dabei sind Frauen in China heute Managerinnen und erfolgreiche Unternehmerinnen, 20 Prozent der Unternehmen werden angeblich von Frauen geleitet. Die reichste Frau des Landes ist erst Mitte zwanzig. Aber Gewicht gibt ihnen das nicht. Frauen studieren, Frauen arbeiten. Wenn man sich in den Städten umsieht, bekommt man den Eindruck, dass die meiste Basisarbeit von Frauen geleistet wird, aber wenn es um die Eheschließung geht, zählt das alles nichts.

Chinesische Frauen müssen vor allem zwei Dinge in die Ehe mitbringen: Unterwürfigkeit und Schönheit. In einer Partnervermittlungsagentur in Peking genügt ein Blick in die Kundendatei, um festzustellen, wie groß die Diskrepanz ist. Die meisten Männer sind Mitte vierzig und nicht besonders attraktiv, die meisten Frauen um die zwanzig Jahre alt und ausgesprochen schön. „Ein Mann muss ein Auto und eine Wohnung haben", sagt Partnervermittlerin Ji Ping, „sonst ist er für die Frauen uninteressant." Die Frau aber muss schön sein und jung. Dreißigjährige Frauen finden sich in ihrer Kundenkartei nicht mehr. Denn der Anspruch auf die Ehe ist laut Frau Ping ganz einfach auf den Punkt zu bringen: „Die Männer wünschen sich von den Frauen vor allem, dass sie sich selbst kultivieren, also an ihrem Charakter arbeiten. Frauen achten darauf, dass die Männer verantwortungsbewusst sind und sich um die Familie kümmern." Sehr klassisch also. „Was", so frage ich sie, „machen Sie, wenn eine Frau mit Mitte vierzig, nicht besonders attraktiv, aber wohlhabend, bei Ihnen einen Partner sucht?" Frau Ji schweigt lange und sagt dann zögerlich: „Naja, das müssten wir uns überlegen." Offensichtlich würde das nicht in das Profil einer chinesischen Partnervermittlungsagentur passen.

Konkubinen erleben eine Renaissance

Aber man muss nicht unbedingt die Hauptfrau sein, es gibt sozusagen eine Nebenkarriere, allerdings nicht für Vierzigjährige. Mit dem wachsenden Wohlstand erlebt unter den neuen Millionären in China ein Phänomen seine Renaissance, von dem man wohl geglaubt hätte, das es endgültig der Vergangenheit angehört: In China ist es wieder „in", eine Nebenfrau zu haben. „Zweite Brust" lautet die chinesische Bezeichnung der Nebenfrau übersetzt, und es ist ein offenes Geheimnis, dass so mancher dicke Wagen, der am Freitag Abend vor der Filmakademie in Peking Halt macht, um die eine oder andere Studentin abzuholen, ein deutliches Indiz dafür ist. Nebenfrauen inserieren ihre Dienste in Zeitungen und man kann sogar einen Vertragsentwurf im Internet finden. In solchen Verträgen wird geregelt, welche Wohnung und welches Auto die Nebenfrau erhält, wie sie sich zu kleiden hat und wie oft sie Liebesdienste zu erbringen hat.

Auf zwei Millionen wird die Zahl der Nebenfrauen in China bereits geschätzt und es gibt einen Mann, der sich ihr Schicksal zur Aufgabe gemacht hat: Zheng Baichun wurde in China als Konkubinen-Anwalt berühmt. Seit mehreren Jahren schon hilft er den jungen Frauen, die bald wieder fallengelassen werden, dabei, ihre Ansprüche vor Gericht geltend zu machen. „Ein bis zwei Jahre dauert eine solche Beziehung im Schnitt", erzählt er uns, „dann wird die Frau vielleicht schwanger oder lästig und steht plötzlich wieder allein da." Immer wieder wird das Gespräch mit Herrn Zheng von Telefonaten unterbrochen. Wild gestikulierend versucht er eine seiner Mandantinnen zu beruhigen.

Zheng Baichun ist ein Feminist der besonderen Sorte. Er bekämpft nicht etwa das Konkubinentum an sich, er will vielmehr eine gesetzliche Grundlage, die das Neben-frauentum regelt. Denn wenn er für eine Mandantin vor Gericht zieht, weiß er nie, auf Grundlage welcher Gesetze er schließlich Erfolg haben kann. Ihm gehe es um das Wohlergehen der Frauen, erklärt er geradezu romantisch: „Es muss gesagt werden, dass die meisten Konkubinen unter seelischen Qualen leiden. Warum? Sie fühlen sich völlig vereinsamt, weil der Mann nicht jeden Tag mit ihnen zusammen sein kann. Manchmal sieht man sich nur ein-mal pro Woche oder gar nur einmal pro Monat. Sehr sel-ten ist man oft zusammen. Die schöne Zeit, die eine Kon-kubine hat, dauert oft nur ein, maximal zwei Jahre. Wenn sie schwanger wird, Kinder bekommt oder der Mann eine noch jüngere, schönere Frau trifft, wirft er sie hinaus. Kon-kubinen werden sehr schnell ausgewechselt."

Ob er selbst wohl auch eine Konkubine hat? Keine Zeit für so etwas, winkt Herr Zheng ab. Er sei nicht einmal ver-heiratet, sagt er mit einem verschmitzten Lächeln. Wozu auch? Man kann sich nämlich, wenn man mit ihm spricht, nicht wirklich des Eindrucks erwehren, dass der Konku-binen-Anwalt in erster Linie ein begabter Konkubinen-Tröster ist. Arbeitslos wird er so bald sicher nicht. Aber es ist ein Thema, über das nur er gerne spricht. Als wir die Vorsitzende des chinesischen Frauenverbandes damit konfrontieren, will sie am liebsten ausweichen. Sie will viel lieber darüber sprechen, welche Fortschritte China in der Frauenpolitik gemacht hat, und versteht nicht, warum man im Konkubinentum ein derartiges Problem sieht. „Dieses Phänomen existiert in fast allen Ländern, die sich im Wandel befinden", sagt Tan Lin, „kann aber auch in Industriestaaten vorkommen. In China ist alles im Auf-bau und im Wandel, daher sollten wir dieses Phänomen nicht ungewöhnlich finden. Und wenn man nicht genug über China weiß, könnte man glauben, dass Frauen früher die Hälfte des Himmels getragen haben und es dieses Phänomen daher nicht geben sollte. Es könnte aber auch sein, dass die Situation früher nicht so kompliziert und im Wandel war wie heute. Der soziale Wandel hat vieles komplizierter gemacht."

Dass es Konkubinen ohne den neuen Reichtum nicht geben würde, mag stimmen, sofern das unter „sozialem Wandel" zu verstehen ist. Aber wenn sich der wirtschaftliche Aufstieg in China weiterhin fortsetzt, wird es in Zukunft wohl mehr und nicht weniger Konkubinen geben.

Wo es chic ist, eine Konkubine zu haben, ist es auch chic, eine zu sein oder sich wie eine zu geben. Immerhin kann das Konkubinentum für die eine oder andere Frau der schnelle Weg zu einer Wohnung, einem Auto und kurzem Reichtum sein. Dem kann man offenbar nacheifern.

Manchmal nämlich kann man nur staunen über die neue Freizügigkeit in einem Land, in dem über Sexualität kaum gesprochen wird und in dem Pornografie verboten ist. Das Pornografieverbot führt dazu, dass auf Plakaten und in Zeitschriften hart an die Grenze gegangen wird, was seine Wirkung nicht verfehlt. In den Bars im Ausgehviertel Pekings kann man Abend für Abend sehen, wie das ist. In den gewöhnlichen Bars mit ihren großen Fenstern sind schon von der Straße aus leicht bekleidete Tänzerinnen zu sehen, wie man sie im Westen wohl nur in einem Nachtlokal finden würde, sicher nicht in einem gewöhnlichen Bierlokal auf der Ausgehmeile. Sie ranken sich, mehr oder weniger gekonnt, um Mikrofonständer und hetzen nach Applaus und Trinkgeld von einer Darbietung zur nächsten und damit von einem Lokal ins andere. Aber auch das ist modern. Die hierher kommenden Touristen lieben es und den Lokalbetreibern bringt es zusätzliches Geld. Und solange aus dem versuchten Bauchtanz kein Strip wird, ist es auch der Polizei egal. Ganz offensichtlich wird diese Art der Ausgehkultur als westlich verstanden, und so darf man sich nicht wundern, wenn mehr und mehr junge Frauen, wenn sie abends ausgehen, genauso angezogen sind wie die knapp verhinderten Stripperinnen. Schließlich gibt es auch hier MTV.

Westliches Schönheitsideal

Sosehr man in China immer wieder seine Eigenheiten unterstreicht, so sehr passt man sich dem Westen doch an, vor allem im Konsumverhalten. Modernität heißt in China zum Beispiel immer öfter, dass man sich einem westlichen Schönheitsdiktat unterwirft. Traditionell ist beim Schönheitsideal nur der Anspruch auf elfenbeinweiße Haut geblieben, weshalb in China auch so gut wie jeder Hautcreme Bleichmittel beigefügt sind und Frauen sich im Sommer nur unter Regenschirmen ins Freie wagen. Ansonsten aber folgen immer mehr Frauen einem westlichen Ideal oder dem, was sie unter westlich verstehen. Das ist kein Wunder, denn auf unzähligen Werbeplakaten in China sind westliche Models abgebildet. Große, blonde und blauäugige Frauen bewerben Kleidung oder Kosmetik und keine chinesische Frau scheint das zu stören.

Dauerwellen, die im Westen kaum eine Frau mehr so tragen würde, sind der letzte Schrei. Sehr oft bleibt der Pony glatt und der Rest des einst schönen, kräftigen und langen Haares wird mit viel Chemie zu westlich-dünner Konsistenz mit Krause umgewandelt, um dann die meiste Zeit zu einem gelockten Zopf zusammengebunden zu sein. Kombiniert werden die Locken, der Pony oder beides dann noch mit einem helleren Haarton. Braun ist vielen Chinesinnen heute lieber als ihr natürliches Schwarz und auch zu Rot tendieren einige. Ich leide mit jedem beneidenswert kräftigen Haarschopf, der so verdünnt wird, aber ich will das Geschäft bei meinem Friseur nicht stören. Nur wenn die geschäftstüchtige Managerin mir wieder einmal eine Dauerwelle verkaufen will, sage ich ihr hinter vorgehaltener Hand, dass keine moderne Frau bei uns so herumlaufen würde und sie mir so gut wie alles verkaufen könne, aber sicher keine Krause. Die Managerin glaubt mir dann nie so recht, immerhin trägt sie die rot gefärbte Krause mit glattem Pony und ist damit die Stilikone ihres eigenen Salons und die beste Werbung für diese Frisur.

Mit Chemie allein ist es aber noch nicht getan. In China erleben auch Schönheitsoperationen einen Boom. Die mit Abstand beliebteste Schönheitsoperation ist jene um die Augen. Nichts ist schöner, als Lider zu haben, die man dann auch schminken kann. Chinesinnen lassen sich aber auch Nasen modellieren und immer mehr von ihnen wollen Silikonbrüste. In der Evercare-Klinik in Peking waren vor ein paar Jahren noch 80 Prozent der Fälle medizinischer Natur, nur 20 Prozent waren klassische Schönheitsoperationen. Heute ist das Verhältnis genau umgekehrt. Manchmal sind die Eingriffe extrem. In China werden auch Beine verlängert, und es kommt vor, dass Frauen sich in zahlreichen schmerzhaften Eingriffen Kiefer- und Wangenknochen so zurechthobeln lassen, dass aus einem runden und flachen Gesicht ein ovales und modelliertes wird. Schönheitschirurg Wang Jigeng erklärt anschaulich den Unterschied: „Westliche Gesichter", so sagt er, „wirken im Profil, asiatische frontal." Er sieht nur zwei Gründe, eine Operation nicht durchzuführen: zum einen, wenn die Operation vom Stand der Medizin technisch nicht zu verwirklichen ist, und zum anderen, wenn er Bedenken hinsichtlich der mentalen Verfassung einer Kundin hat. Allein das sagt schon einiges darüber aus, mit welchen Anfragen er wohl konfrontiert wird. Also hake ich ein. Als ich Herrn Wang zum Scherz und für eine nette Szene in einer Geschichte frage, wie viel es denn wohl kosten würde, mich zur Asiatin umzuoperieren, zählt er gleich einmal – die Hände auf meinem Gesicht – auf: Augenfalten weg, Nase weg, Wangenknochen schleifen, Kiefer schleifen, Kinn eindrücken, die Lippen könnten wir dann auch gleich aufspritzen, ein paar 10 000 Euro, umgerechnet. Anzunehmen, dass es sozusagen in beide Richtungen gleich teuer ist …

Natürlich ist China, wenn es darum geht, Schönheitsidealen zu folgen, nicht anders als der Rest der Welt, aber für chinesische Frauen ist es ungleich schwerer, weil sie mit einem westlichen Diktat konfrontiert werden, dem sie nur folgen können, wenn sie sich völlig ummodeln und dabei – als wäre das noch nicht genug – in ein östliches Partnerschaftsbild gezwungen werden.

Die Regisseurin Cao Kefei hat lange im Ausland gelebt und ist erst vor kurzem wieder nach China zurückgekehrt. Auch sie überrascht dieses neue Ideal, sie sieht im chinesischen Frauenbild aber auch Dinge, die offenbar nie westlich werden können. Als sie in Deutschland gelebt hat, habe es sie überrascht, wie viele Frauen dort Alleinerzieherinnen seien und wie sehr das überhaupt kein Thema sei, erzählt sie. In China, so meint sie, wäre es völlig undenkbar, ein Kind allein zu erziehen. Alleinerzieherinnen sind in China schwer stigmatisiert. Eine von ihnen schreibt zwar einen eigenen Blog, zu einem Interview war sie aber nicht bereit, so tabuisiert ist es in China, als Frau mit Kind, aber ohne Mann zu leben. „In China", so sagt Cao Kefei, „gibt es immer noch einen Spruch, der erklärt, dass man einen Mann haben muss, egal, wie dieser Mann ist. Wenn Du einen Hahn heiratest, dann wirst Du ihm folgen, und wenn Du einen Hund heiratest, dann folgst Du ihm auch." Wenn man sich in unserem Pekinger Park umsieht, kommt man ohnehin zu dem Schluss, dass die Entscheidung über den künftigen Familienzoo von anderen als den „Jungtieren" getroffen wird. Den Töchtern der Eltern im Park kann man daher nur wünschen, dass auch das richtige „Tier" für sie gefunden wird. Ich frage mich nur, warum Frauen, denen offensichtlich nicht zugetraut wird, dass sie selbst jemanden anlocken, Locken benötigen …

Wissenschaftliche Unterentwicklung

Der Wunsch nach Veränderung

Ren Cuilan muss viel Kohle nachlegen an diesem Tag. Das kleine Geschäft der patenten Frau hat keine Zentralheizung. In ihrem Dorf, nur etwa zwei Stunden außerhalb von Peking, liegt der Gestank von Kohle in der Luft. Denn sie ist nicht die Einzige, die hier so heizt. In der Mitte ihres Ladens steht ein kleiner Ofen aus Gusseisen, das Rohr, das von diesem wegführt, wurde einfach durch die Wand nach außen geleitet. Wenn man von Frau Rens Geschäft in ihre Wohnung geht, wehen einem die Abgase ins Gesicht.

Das Angebot in ihrem Geschäft ist dürftig: Auf ein paar schlichten Holzregalen stehen Plastikflaschen neben Dosen, die Verteilersteckdose baumelt von der Wand. Die Theke des Ladens ist vollgeräumt. Der Hund hat es sich unter dem Ofen bequem gemacht. Es ist eng in diesem Raum. Und dennoch kommen viele zu Frau Ren, nicht nur um einzukaufen.

Frau Ren ist nicht nur die Besitzerin des einzigen Ladens in diesem trostlosen Dorf, sie ist auch die Vorsitzende des örtlichen Frauenverbandes. Und bei bestimmten Dingen wollte sie einfach nicht länger tatenlos zusehen oder weghören. Sie erfährt nämlich viele persönliche Geschichten. Immer wieder kommen Frauen zu ihr ins Geschäft, die nicht unbedingt etwas einkaufen wollen. Sie kommen, um sich kurz auf einem der Schemel oder auf der niedrigen

Bank neben dem Ofen hinzusetzen, sich aufzuwärmen und ihr Herz auszuschütten.

Hinter Frau Rens Geschäft hängt ein Plakat, das dazu aufruft, Töchter ebenso gut zu behandeln wie Söhne. Denn hier, auf dem Land, ist das Leben der Frauen oft ohne Perspektive. Was Frau Ren bekämpft, war bis vor kurzem noch ein Tabuthema, über das man nicht spricht: Spielsucht und Alkoholismus zerstören hier die Menschen. Auch in Frau Rens Geschäft ist der billige Schnaps um umgerechnet ein paar Eurocent zu haben und die kalten, langen Winter, in denen auf den Feldern nicht gearbeitet werden kann, laden dazu ein, zu spielen – auch um Geld.

„Die Frauen hier auf dem Land können sehr schwer etwas miteinander unternehmen", erzählt Frau Ren. „Und dann fällt ihnen nichts Besseres ein, als um Geld zu spielen, manchmal alles zu verspielen. Meist spielen sie Majiang. Ich will sie davon wegbringen und sage ihnen, wann sie sich bei mir treffen sollen, aber die Bauernfrauen sind schwer zu etwas zu motivieren. Ich war schon so wütend, dass ich ihnen den Spieltisch umgeworfen habe. Aber einige wollen den ganzen Tag nichts anderes tun als spielen. Sie verspielen das Geld, das ihre Männer schwer verdient haben. Das verursacht viele Probleme. Da gab es zum Beispiel eine Frau, die Erdnüsse für die Aussaat in eine chemische Flüssigkeit eingeweicht hat. Ihre beiden Kinder blieben allein zu Hause, als sie spielen ging, und aßen die giftigen Erdnüsse. Beide Kinder sind daran gestorben, aber die Frau wollte erst nach Hause, nachdem sie fertig gespielt hatte. Schließlich haben sie und ihr Mann sich vor Kummer im Brunnen ertränkt."

Der Wirtschaftsaufschwung geht
an den Bauern vorbei

Es ist ein tragisches Einzelschicksal, aber dahinter steht ein größeres Problem. Die Bauern, die mehr als die Hälfte der chinesischen Bevölkerung stellen, haben bis jetzt nicht wirklich mitgenascht am Boom. Zwar hat China das größte Armutsbekämpfungsprogramm der Welt umgesetzt – nirgendwo anders wurden mehr Menschen aus der bittersten Armut geholt –, aber die Schere zwischen Arm und Reich klafft immer weiter auseinander. Während die Küstenregionen boomen, hinkt das Landesinnere hinterher. Unter dem Titel „Wissenschaftliche Entwicklung" propagiert die chinesische Führung jetzt ein Wachstum, das auch auf die ländlichen Regionen und die Umwelt Rücksicht nehmen soll. Denn das Landleben ist für viele trostlos.

Etwa eine Million Frauen versuchen sich in China Jahr für Jahr das Leben zu nehmen. Chen Yuling hat einen Selbstmordversuch hinter sich. Sie sei ein sehr introvertierter Mensch gewesen, damals, sagt sie.

„Ich habe nicht viel mit anderen Menschen gesprochen. Mein Charakter war eben so. Und es gibt eine traditionelle Sichtweise: Über Familienangelegenheiten wird mit Außenstehenden nicht gesprochen. Also habe ich alle meine Gefühle unterdrückt. Ich habe wirklich gedacht, dass das Leben keinen Sinn mehr hat. Mein Mann war damals sehr aufbrausend. Um mich gekümmert hat er sich nicht. Und dann war da noch das Problem, dass ich es mit zwei Familien zu tun hatte, meiner eigenen und seiner. Es gab dauernd Reibereien mit den Schwiegereltern."

Chen Yuling gehört zu den wenigen, die Hilfe gesucht und gefunden haben. Eine Gruppe von Psychologen aus Peking nimmt sich jetzt besonders der Frauen auf dem

Land an. Denn wenn man sich die Lebensumstände hier ansieht, merkt man, wie hart das Leben auf dem Land in China immer noch ist, selbst in Dörfern, die so nahe an Peking liegen.

Es ist tiefster Winter, als wir das Dorf besuchen. Und dennoch sind in jedem Haus so gut wie alle Türen geöffnet. Das muss man auch machen, wenn man hier Essen zubereitet. In einer typischen Landküche, in der die großen Woks in gemauerten Herden eingesetzt sind, wird immer noch mit Holz geheizt. In einer Schüssel, über einem der Feuer, werden an diesem Tag Reis und Hirse gedämpft, in einer anderen wird Fleisch angebraten. Zwei Frauen, die dick in Anoraks eingepackt sind, kochen hier, immer über die niedrigen Herde gebeugt. Immer wieder wird Holz nachgelegt, immer wieder die aus dem Herd herausfallende Asche weggekehrt. Ein Türchen hat dieser Ofen nicht, was verbrennt, fällt einfach auf den Boden. In dieser kleinen Küche können gerade einmal zwei Menschen gleichzeitig arbeiten. Eine der Frauen kontrolliert die Speisen, die andere kehrt unentwegt. Einen Schrank für Geschirr gibt es hier nicht. Die Tür zum Hof ist geöffnet, damit der Dunst abziehen kann. Da auch die Eingangstür des Hauses offen steht, herrscht Durchzug.

Draußen im Hof, gleich neben der Küche, hat sich auf der Wassertonne eine dicke Eisschicht gebildet. Auch Fließwasser gibt es hier keines. Im Hof bellt unaufhörlich ein angeketteter Hund, das frei umherlaufende Hausschwein lässt sich davon nicht beeindrucken. Ein paar Hühner streiten um das Korn, das ihnen gerade gestreut wurde. Die Wäsche auf der Wäscheleine ist hart gefroren.

Man scheint den Anorak im Winter nie auszuziehen in diesem Dorf. Ein einziger Raum hier ist beheizt: Der Kang, das gemauerte Bett, kann wie ein Kachelofen beheizt werden. Tagsüber wird auf diesem Bett gegessen. Nachts schläft die ganze Familie hier.

Ohne Fließwasser in der Wohnung gibt es hier auch kein Bad. Die Toilette ist durch eine halbhohe Mauer vom Revier des Hausschweins abgetrennt und besteht aus einem Loch, das in den Boden gegraben wurde.

Ma Guiyun, die Hausherrin, hat gerade ihre kleine Enkelin niedergelegt. Das acht Jahre alte Mädchen bleibt in seinem warmen Skioverall verpackt, während es auf dem Kang schläft. „Sie soll es einmal besser haben als ich", sagt die Großmutter der Kleinen. „Wir Landfrauen haben keine Bildung. Ich will, dass die Kleine auf die Universität geht."

Ansätze einer Gesundheitspolitik

Es ist aber nicht nur Bildung, die den Landfrauen fehlt. Bis vor kurzem hatte die Landbevölkerung Chinas auch keine grundlegende Gesundheitsversorgung. In der Vergangenheit gab es Landambulanzen, doch die fielen der Öffnungspolitik der 1980er-Jahre zum Opfer.

Im äußersten Nordosten, 1500 Kilometer von Peking entfernt, wird bereits seit Jahren als Pilotprojekt betrieben, was für chinesische Verhältnisse geradezu eine Gesundheitsrevolution ist und seit 2007 allen Bauern zur Verfügung steht: eine allgemeine Krankenversicherung. Das sozialistische China ist erst auf dem Weg dazu, alle seine Bürger zu versichern.

Die Bäuerin Sun Yajie, die mit ihrem Mann, ihrem Sohn, der Schwiegertochter und einem Enkelsohn außerhalb der Stadt Suihua in einem Ort namens Hailun lebt, war eine der Ersten, die sich für das System angemeldet haben. Sie muss nämlich regelmäßig zum Arzt. Die Altbäuerin, deren

Familie hier vor allem vom Sojaanbau lebt, ist schwer herzkrank. Die Medikamente sind teuer.

Bei Minus 24 Grad Außentemperatur wird Frau Sun etwa eine halbe Stunde lang unterwegs sein, bis sie die Klinik erreicht. Sie erlaubt uns, sie zu begleiten.

Die beißende Kälte fühlt man schon nach wenigen Minuten. Bei jedem Haus sind Fenster und Türen mit Plastikfolien verhängt, um eine gewisse Dämmung zu erreichen. Aber die Menschen hier sind ein abgehärteter Schlag. Frau Suns Sohn, der uns die Felder der Familie zeigt, kann das, ohne sich Handschuhe anzuziehen oder eine Kopfbedeckung aufzusetzen. Selbst seine Jacke bleibt an diesem sonnigen Tag geöffnet. Wahrscheinlich empfindet er eine Außentemperatur von –24 Grad als mild. Ich jedenfalls hatte nach diesem Ausflug in den Norden wochenlang klamme Zehen. Aber auch Frau Sun geht hier eine halbe Stunde lang durch das Dorf, als wäre nichts dabei.

Über dem Eingang der Klinik hängt ein großes Plakat, auf dem unter dem Foto eines Handschlags zu lesen steht, wie das System, das schon vor seiner Umsetzung in ganz China hier getestet wurde, funktioniert: 10 Yuan – etwa einen Euro – zahlt ein Bauer pro Jahr, 20 Yuan kommen vom Staat, 17 von der Lokalregierung und die auf 50 fehlenden drei berappt die Stadt. Um umgerechnet fünf Euro pro Jahr sind die Bauern also versichert – aber nicht ganz. In der Klinik ist die Kassa jener Ort, den man zuerst erblickt. Und das ist auch jener Ort, den man zuerst besucht. Denn diese Versicherung verlangt einen Selbstbehalt.

Eigentlich sollten chinesische Kliniken zumindest Akutfälle behandeln, ohne dass man zuvor Geld auslegen muss. In der Praxis ist das allerdings nicht so. Es gibt sogar Unfallopfer, die erst dann einen Arzt zu Gesicht bekommen, wenn ein Angehöriger die Behandlung zahlt.

Im Eingangsbereich chinesischer Krankenhäuser sieht es daher oft aus wie in Schalterhallen und es geht auch so zu. In der Dorfklinik herrscht heute zwar kein großer Andrang, aber der Herr, der hinter der Kasse hervorlugt und von dem eigentlich nur die großen Brillen zu sehen sind, zählt gemächlich Bündel mit 100-Yuan-Noten. Neben ihm hängt ein Plakat mit einer lachenden Krankenschwester, deren Arm in Richtung Kassa weist.

Frau Sun wird in einem der kargen Untersuchungsräume, in denen Ärzte an einfachen Holztischen auf ihre Patienten warten, untersucht. Sie spreche nicht gerne über ihre Krankheit, erklärt sie dem Arzt, gegen eine Wand gelehnt, die dringend einen neuen Anstrich benötigt. Auch auf dem Gang blättern ältere wie neuere Farbschichten ab und um die einsame Holzbank an seinem Ende haben sich Zigarettenkippen angesammelt, besonders viele dort, wo eine Fliese herausgebrochen ist. In einem Nebenraum steht ein schlichtes Bett, wahrscheinlich die Schlafstätte für die diensthabenden Ärzte. Die Fenster sind undicht und Eisblumen versperren die Aussicht. Aber es ist eine der Besonderheiten des Wandels in China, dass sich in solchen Kliniken auch modernstes Gerät finden kann. So gibt es in einem dieser schäbigen Räume zum Beispiel ein neues Ultraschallgerät, mit dem Frau Sun heute untersucht werden soll. Zuerst aber muss ihre Schwiegertochter den Selbstbehalt hinterlegen. Ohne Beleg keine Untersuchung.

Der Selbstbehalt beträgt zwischen 40 und 50 Prozent. Außerdem gibt es einen Maximalbetrag, den die bäuerliche Krankenversicherung pro Jahr deckt: umgerechnet 1000 Euro. Frau Suns Krankheit ist teuer. Wenn eine ambulante Behandlung ausreicht, benötige sie üblicherweise 30 bis 50 Yuan für Medikamente, das könne sie zurückbekommen, sagt sie. Wenn sie im Krankenhaus bleiben muss, würden ihr 50 Prozent der Kosten erstattet. Von umgerechnet 100 Euro könne sie also 50 zurückbekommen, erzählt die Bäuerin.

Und das für einen Versicherungsbeitrag von einem Euro pro Jahr. Für Frau Sun rechnet sich das, weil sie sich die Behandlung irgendwie leisten kann. Aber nicht alle Bauern sind auf das Angebot des Staates eingegangen. Manchen sind die Selbstbehalte einfach immer noch zu hoch. In China können eine Operation oder eine chronische Krankheit den wirtschaftlichen Ruin bedeuten. Ein Viertel des Monatseinkommens wird in China im Schnitt gespart – und das nicht, weil man so viel verdient, sondern weil man vorsorgen muss: für den Krankheitsfall und für die Ausbildung.

Man hätte gerne ein System ohne Selbstbehalte, sagt der lokale Gesundheitsverantwortliche, aber entsprechende Versicherungssummen können sich die Bauern hier nicht leisten. Umgerechnet ein Euro pro Jahr und Selbstbehalte von bis zu 50 Prozent sind also die Schmerzgrenze. Wer in einem bestimmten Jahr kein einziges Mal zum Arzt geht, hat die Chance, seine 10 Yuan zurückzubekommen. 10 Yuan sind in China durchaus etwas wert. Dafür kann man schon ein Mittagessen bekommen. Oder man kann so rechnen wie der Bauer Li Chen, der gerade mit selbst gemachtem Tofu auf den Markt fährt: An einem halben Kilo Tofu verdient er 3 Yuan 50, also etwa 35 Eurocent. Ein Jahr Versicherungsbeitrag entspricht also eineinhalb Kilo Tofu.

Dabei geht es den Bauern hier noch relativ gut: Ihr Jahreseinkommen liegt bei 400 Euro. Und der Sojaanbau, der sich nach dem WTO-Beitritt aufgrund des Preisverfalls überhaupt nicht mehr gerechnet hat, ist wieder profitabel.

Zumindest die Bauern des unwirtlichen Sojaanbaugebiets in der Provinz Heilongjiang profitieren von den steigenden Weltmarktpreisen. Die Inflation, die vor allem bei Lebensmitteln grassiert, spüren aber auch sie. Bis ihre Unterentwicklung wissenschaftlich ausgeglichen wird, wird es noch dauern.

Bescheidenster Wohlstand

Auf dem Dach der Grundschule von Zhang, einem kleinen Dorf in Zentralchina, bringt der Lautsprecher seine Durchsagen nicht für die Kinder. Als wäre dieser Lautsprecher die Entsprechung eines Kirchturms oder eines Minaretts, lässt er das ganze Dorf das wirklich Wichtige wissen. Von einem Tonband schallen die Segnungen der bäuerlichen Krankenversicherung übers Dorf. Die Kinder auf dem Platz vor der Schule lassen sich davon nicht irritieren. Mehr als eine Stunde vor dem offiziellen Unterrichtsbeginn haben sie sich in Grüppchen auf dem Platz aufgestellt oder hingehockt und lesen laut aus ihren Lehrbüchern vor. Schon in der Grundschule dauert der Unterricht hier bis in den Nachmittag hinein. Das Erlernen der Schriftzeichen erfordert Drill, sie zu memorieren, dass die Kinder zu Hause noch einmal einige Stunden auf die Hausaufgaben verwenden.

Lehrer Xi, der in diesem Schulgebäude eine eigene, karg eingerichtete Wohnkammer hat, geht von Gruppe zu Gruppe. Aber für Disziplin sorgen muss er nicht. Die Kinder von Zhang sind ebenso diszipliniert wie die meisten Schüler in China. Lehrer Xis Problem ist vielmehr ein anderes: Zhang ist eines dieser typischen Provinzdörfer ohne Arbeitsmöglichkeit, ohne Industrie und ohne Perspektive für viele Erwachsene. Nur ein paar alte Bauern treffen wir hier am Straßenrand. Sie machen sich gerade auf den Weg auf ihre Felder. Zhang ist ein Dorf der Alten und der Kinder. Viele Erwachsene ziehen in die Städte, um dort ihr Geld zu verdienen. Und so wachsen einige von Herrn Xis

Schülern sozusagen als Waisen auf. Wer es gut erwischt hat, ist mit der Mutter allein zurückgeblieben, während der Vater in einer Großstadt Wanderarbeiter ist. 200 Millionen solcher Wanderarbeiter gibt es. Ihre Kinder lassen sie meist zurück. In einer Klasse der Grundschule von Zhang gibt es gleich zwei Sonderfälle: Die 14 Jahre alte Qian lebt mit ihrer Großmutter, ihr Mitschüler Bohua völlig allein mit seinem um ein Jahr jüngeren Bruder. Die Mutter der beiden ist tot, der Vater Wanderarbeiter. Und die 16 Jahre alte Schwester ist im Internat.

Die Leidtragenden des Wirtschaftswunders

Bohua und Yunbo leben in jenem alten Teil des Dorfes, aus dem nur die Allerärmsten noch nicht weggezogen sind. Ihr Häuschen ist eine der traditionellen Wohnungen des chinesischen Lössplateaus: wie eine Höhle ins Erdreich gegraben. Im kleinen Garten vor dem Haus steht ein Apfelbaum, der manchmal etwas an zusätzlichem Verdienst abwirft. Das Häuschen der beiden Brüder hat ein einziges kleines Fenster neben der Tür und erfüllt gerade einmal den Minimalanspruch an Wohnraum. Wenn man eintritt, sieht man gleich rechts neben der Tür das beheizbare Bett, den Kang, auf dem in chinesischen Dörfern ganze Familien schlafen. Die Lehmwand haben die beiden mit Zeitungsausschnitten und Plakaten tapeziert. Über allen anderen prangt ein Foto, das die alte und neue chinesische Führung zeigt. Flankiert werden die Genossen von zwei weiblichen Schönheitsidolen, die den Sprung zur Berühmtheit geschafft haben. Am Fußende des Kangs befindet sich der Herd. Auch dieser wird, wie der Kang, mit Holz beheizt. Im hinteren Teil ihrer Wohnung haben die beiden noch einen Tisch und eine Wassertonne, damit sie nicht für jeden Tropfen Wasser ins Freie müssen. Denn der Brunnen, von dem sie ihr Wasser holen, gehört dem Nachbarn. Eine einzige nackte Glühbirne hängt von der Decke dieses Einzimmerhauses. Dass es hier Strom gibt, ist geradezu verwunderlich. Und die beiden haben auch eine Steckdose zum Aufladen des einzigen Elektrogerätes, das sie besitzen: Wie so viele andere auf dem Land haben auch sie ein Mobiltelefon. Wenn der Vater, der im drei Stunden Autofahrt entfernten Xian arbeitet, Abnehmer für Äpfel findet, muss er seine Söhne erreichen. Ohne Grund ruft er nicht an.

Es ist Mitte November, als wir die beiden besuchen. Und angenehm sind die Temperaturen schon lange nicht mehr. Bohua und Yunbo bleiben im Haus genauso angezogen wie im Freien, ihre Jacken werden sie wahrscheinlich bis zum Frühling nicht mehr ablegen. „Wir heizen erst ein, wenn draußen Schnee liegt", sagt Bohua, der, weil er gerade einmal ein Jahr älter ist als sein Bruder, hier so etwas wie der Haushaltsvorstand ist. Aber über die Aufgabenteilung streiten die beiden nie. „Ich bin dafür zuständig, den Boden zu wischen", erklärt Yunbo. Es ist ein Lehmboden, auf dem die Kinder immer wieder einige Wassertropfen ausbringen, um den Staub in erträglichem Rahmen zu halten. So ärmlich ihr Einzimmerhäuschen auch ist, so ordentlich aufgeräumt ist es. Die Decken und Kissen werden Morgen für Morgen säuberlich am Wandende des Kangs aufgeschlichtet. Jeder Kochlöffel ist an seinem Platz.

Wenn ein Einkommen von einem US-Dollar pro Tag für die UNO die internationale Armutsgrenze ist, fragt man sich, in welche Kategorie diese beiden Jugendlichen wohl fallen. Bohua und Yunbo haben 10 Yuan pro Monat zur Verfügung, das entspricht etwa einem Euro. In einem Land, in dem die Lebensmittelteuerung gefährliche Ausmaße annimmt, ist es mehr als eine Kunst, mit einem Euro pro Monat zu überleben. „Ich bin derjenige, der einkauft", sagt Bohua. Nudeln und Gemüse, manchmal Dampfbrot gibt es für die beiden, und zwar einmal am Tag. Wir wollten sie eigentlich beim Frühstück drehen, bei ihren Vorbereitungen für den Schulweg. Sie haben uns aber nur ungläubig angesehen, denn dieses Frühstück gibt es nicht. Manchmal haben sie Hunger, sagen die beiden. In der Mittagspause gehen sie von der Schule nach Hause und Bohua bereitet die einzige Mahlzeit des Tages zu. „Vater hat mir beigebracht, wie man kocht", sagt der Halbwaise, der durch die Wanderarbeit seines Vaters sozusagen zum Vollwaisen des Wirtschaftswunders geworden ist. Eier oder gar Fleisch essen die beiden nie. „Diese 10 Yuan müssen irgendwie genügen", sagt Bohua, dessen Stimme dann immer leiser wird. „Manchmal beneide ich meine Mitschüler schon", sagt er noch und kämpft dabei mit den Tränen. Bohua träumt davon, weiter zur Schule gehen zu können.

Die 16 Jahre alte Schwester hatte Glück. Sie kann eine weiterführende Schule besuchen, weil sie ein Stipendium erhalten hat. Schulbildung ist nicht gratis im kommunistischen China. Es gibt zwar auch Gratisschulen für Bauernkinder, aber für Bücher und Essen muss dennoch Bares vorhanden sein. Aber zumindest ist das Schulgeld auf dem Land geringer als in den Städten. Was nichts daran ändert, dass Bohuas Wunsch wohl ein frommer bleiben wird. Wahrscheinlich wird er dem Vorbild des Vaters folgen und als Wanderarbeiter in eine Stadt ziehen müssen, wenn er die Schule abgeschlossen hat. Und wahrscheinlich wird es auch seinem kleinen Bruder nicht besser ergehen. Die Hilfsorganisation „Plan China" schätzt, dass es in China Millionen solcher Waisen des Wirtschaftswunders gibt, die entweder völlig auf sich allein gestellt sind oder bei

Verwandten aufwachsen müssen. Dorflehrer Xi sieht Tag für Tag, wie groß nicht nur die wirtschaftlichen, sondern auch die psychischen Probleme dieser Kinder sind. „Diese Kinder sind sehr introvertiert, beantworten nur Fragen aus den Schulbüchern, auf persönliche Fragen antworten sie nie. Ich bin sozusagen ein Ersatzvater." Besonders behutsam müsse er mit diesen Kindern umgehen, sagt Xi, und er müsse auch besonders auf die Mitschüler achten, diese dazu aufrufen, Freundschaften mit den zurückgelassenen Kindern zu schließen. Denn die Waisen des Wirtschaftswunders sind manchmal so etwas wie Aussätzige.

Allein gelassene Kinder

Während Bohua nur wortkarg ist, spricht seine Mitschülerin Qian kaum noch. Zu den seit Jahren in Peking lebenden Eltern hat sie keinen Bezug mehr. Ihr Großvater war ihr Ersatzvater. Doch seit der Großvater im vergangenen Jahr gestorben ist, hat sie sich völlig in sich zurückgezogen. Qian lebt im besseren Teil des Dorfes mit seinen gemauerten Häusern allein mit ihrer Großmutter, der Mutter des Vaters. Viel zu sagen haben die beiden einander nicht. Wenn Qian nach der Schule nach Hause kommt, macht sie in der Küche ihre Hausaufgaben, während die Großmutter das Essen zubereitet. Die Großmutter würde dem Mädchen gerne helfen, aber sie weiß nicht wie. „Ich frage sie zwar, was sie in der Schule macht, aber was kann ich schon groß helfen, ich kann selbst nicht lesen und muss mich darauf verlassen, dass sie es allein schafft. Manchmal gelingt ihr das nicht ganz", sagt Frau Xian, während sie Nudelteig knetet. Wie es ihr denn damit gehe, dass sie plötzlich sozusagen noch einmal zur Mutter geworden sei, wollen wir wissen und sie lacht nur: „Ich habe zwei Kinder großgezogen, einen Buben und ein Mädchen, da ist überhaupt nichts dabei", meint sie, während sie den Teig in fingerdicke Streifen schneidet. Qian ist weniger redselig. Selbst wenn sie etwas sagt, ist es kaum verständlich, weil sie nur noch flüstert. Und als wir sie fragen, wie sie mit der Abwesenheit der Eltern umgeht, ernten wir nur langes Schweigen. Die Aufforderung ihrer Großmutter, uns doch endlich zu sagen, dass ihr die Eltern fehlen, gehen ins Leere.

Ob ihr die Eltern wirklich fehlen? Als Kleinkind ist Qian mit den Großeltern im Dorf zurückgeblieben, ihre Eltern sieht sie nur einmal im Jahr. Das Frühlingsfest ist die einzige Zeit im Jahr, zu der Wanderarbeiter nach Hause können. Sie sparen das ganze Jahr auf die Bahnfahrkarte. Denn zum Frühlingsfest nicht bei ihrer Familie zu sein, ist für die Chinesen undenkbar. Zum Jahreswechsel 2008 hat die Unmöglichkeit zu reisen sogar zu Tumulten geführt. Da die Bahnverbindung vom Norden in den Süden aufgrund eines schweren Wintereinbruchs in Zentral- und Südostchina unterbrochen war, waren allein im südchinesischen Guangdong, dem Zentrum des chinesischen Wirtschaftswunders, Hunderttausende Wanderarbeiter gestrandet. 200 Millionen Menschen wollten in China zum Frühlingsfest nach Hause. Nicht alle haben es geschafft. Qians Eltern hatten mehr Glück. Beide arbeiten in Peking. Der Vater ist LKW-Fahrer, die Mutter als Aushilfe in einem Kindergarten beschäftigt.

Sie ist keineswegs die einzige Frau aus der Provinz, die ihr eigenes Kind zurücklässt, um sich um die Kinder anderer Menschen zu kümmern. Viele Bäuerinnen arbeiten als „Ayis" – Tanten – in der Stadt. Sie sind dort als Haushälterinnen, Kindermädchen oder beides tätig. Die Qualitäten

solcher „Ayis" sind legendär. Chinesische Kindermädchen
verhätscheln die Kinder, die sie betreuen. Sie lesen ihnen
jeden Wunsch von den Augen ab und tragen auch Vier-
jährige noch auf dem Arm, ganz abgesehen davon, dass
sie auch Vierzehnjährige noch von der Schule abholen und
ihnen die Schultaschen tragen. Neben der Kinderbetreu-
ung übernehmen diese Frauen um wenig Geld auch noch
die Führung des Haushalts. Sie putzen und kochen und
kaufen ein. Aber so gut wie jede dieser „Ayis" hat nicht
nur den eigenen Haushalt, sondern auch das eigene Kind
zurückgelassen.

Die Aufgabe von Qians Mutter in einem Pekinger Kindergarten ist es, Essen auszugeben und sauber zu machen.
Mit Erziehungsarbeit hat sie weniger zu tun. Es sei auch
schwer, mit den Kindern zu kommunizieren, sagt sie. Das
sei das Schwierigste an der Arbeit hier. Dass sie in Peking
nicht besonders glücklich ist, kann Xi Aiqun nur schwer
verbergen. Die zarte Frau im blauen Trainingsanzug sieht
müde aus und traurig. Natürlich denke sie oft an die kleine Qian, die sie zurückgelassen habe, vor allem, wenn sie
diese Knirpse hier ansehe. Sie denke daran, wie süß die
eigene Tochter in diesem Alter wohl gewesen sein müsse
– und sie habe sie nicht sehen, habe nicht für ihre eigene
Tochter da sein können. Wenn ein Kind hier krank sei, sei
es besonders schlimm, sagt sie und versucht dann wieder,
eines der Kinder, die sie hier betreut, dazu zu bewegen,
die Schale mit Reisschleim zu leeren und das Dampfbrot
aufzuessen. Es gelingt ihr nicht bei allen und so räumt sie
schlussendlich auch noch halb volle Schüsseln wieder weg,
wischt die Tische ab, hilft dem einen oder anderen Kind
dabei, sich die Hände zu waschen, und steckt die kleinen Zöglinge schließlich in ihre Jacken. So manches der
Kinder in diesem Kindergarten wird wohl auch nicht von

seiner eigenen Mutter, sondern von einer anderen „Ayi"
abgeholt.

Aber was wir zunächst nicht wissen, ist, dass für Frau Xi
nach der Arbeit im Kindergarten die eigene Erziehungsarbeit erst beginnt. Einer der Knirpse, denen sie hier in die
Jacke hilft, ist nämlich ihr eigener: Qians Eltern haben in
Peking noch einen Sohn. Der fünf Jahre alte Lei ist das völ-
lige Gegenteil seiner Schwester. Er ist aufgeweckt, fröhlich
und spricht wie ein Wasserfall. Dabei wächst auch er nicht
gerade im Wohlstand auf. Wir fragen nicht, aber möglicherweise ist Lei ein illegales Kind. Wenn Wanderarbeiter entgegen der Ein-Kind-Politik noch ein zweites Kind
in der Stadt haben, wird das oft verheimlicht. Oder man
verheimlicht, dass man in der Provinz schon eines hat.
Die strikte Ein-Kind-Politik in China hat ihre Lücken und
kennt ihre Ausnahmen. Bauern dürfen ein zweites Kind
haben, wenn das erste ein Mädchen ist. Auch Eltern, die
selbst als Einzelkinder aufgewachsen sind, dürfen zwei
Kinder haben. Die neuen Reichen in China kümmert das
wenig. Sie können sich die Strafen leisten. Eine Wander-
arbeiterfamilie kann das sicher nicht.

Der kleine Lei wurde in Peking geboren und kennt seine
große Schwester eigentlich überhaupt nicht. „Sie hat eine
rote Jacke und ich glaube, sie mag fettes Fleisch", ist das
Einzige, was ihm zu ihr einfällt. In der Einzimmerwohnung
der Wanderarbeiter-Familie hängt kein Foto der Tochter
neben dem des Sohnes. Ganz offensichtlich ist er der Son-
nenschein der Eltern. Dass Söhne immer noch mehr zählen als Töchter, wird auch hier offensichtlich. Qian könne
nicht hier sein, weil das Schulgeld in Peking zu hoch sei,
sagt ihre Mutter. Aber was wird, wenn Lei in einem Jahr zur
Schule muss? Kann man sich das Schulgeld für den Sohn
dann leisten oder muss auch er in die Provinz? Lei lebt mit

den Eltern in einer Einzimmerwohnung mit einem Bett für alle drei. Während der Kleine vor den Fernsehapparat gesetzt wird, muss die Mutter quer über den Hof, um das Abendessen zuzubereiten. Die ebenerdige Gemeinschaftsküche ist gerade groß genug, dass man sich in ihr umdrehen kann. Etwas Gemüse und Nudeln aus dem Wok wird es auch hier heute zu essen geben. Ihre Tochter sei ihr fremd, sagt Frau Xi, Qian habe wohl Elternliebe gefehlt. Sie sei so entfremdet, dass sie ursprünglich nicht einmal ans Telefon wollte, wenn die Eltern angerufen hätten. Jetzt telefoniere man einmal die Woche, frage Qian, wie es ihr denn in der Schule gehe, und fordere sie auf, sich warm genug anzuziehen. „Ich weiß, das genügt nicht", sagt Qians Mutter, aber man könne eben nicht zurück in die Provinz, dort gäbe es keine Möglichkeit.

Ihr Mann, der etwas später nach Hause kommt, sieht das anders. Seit zehn Jahren sei er jetzt schon hier und habe nichts erreicht, sagt Han Yalong. Als er nach Peking gekommen sei, habe er davon geträumt, einen eigenen kleinen Betrieb aufzumachen. Jahr um Jahr zog ins Land und es wurde nichts aus dem Traum. Heute macht er sich keine Illusionen mehr: „Wenn wir alt sind, können wir hier nicht mehr so weiterarbeiten, irgendwann müssen wir zurück", sagt er. „In Peking gibt es für uns keine Zukunft."

Moderne Ausbeutung

Wie Qians Eltern geht es vielen in Peking und den anderen chinesischen Großstädten. Abermillionen Wanderarbeiter ziehen aus den Dörfern in die Stadt, um sich etwas zu schaffen, und schaffen es schließlich doch nur, zu überleben. Aus dem „bescheidenen Wohlstand", den die chinesische Führung für alle Chinesen propagiert, wurde auch im Fall von Qians Familie höchstens bescheidenster Wohlstand. Trotz des Armutsbekämpfungsprogramms heißt Arbeit zu haben in China noch nicht, auf dem Weg zum Wohlstand zu sein. Die Wanderarbeiter, die den chinesischen Bauboom tragen, arbeiten nicht nur sechs Tage die Woche, viele dieser Arbeiter leben und schlafen auf den Baustellen. Und manche werden sogar um das Wenige, das ihnen durch diese Arbeit zusteht, geprellt.

Das ist ein Thema, über das in China erst seit relativ kurzer Zeit auch öffentlich debattiert werden darf. Und erst seit 2006 setzen sich Anwälte für die ausgebeuteten Arbeitskräfte ein. Der Fall Yu Jinbo ist einer von vielen, die unzählige Male vorkommen. Der Wanderarbeiter wurde angeheuert, um am Bau zu arbeiten, aber als das Geld fällig war, war der Auftraggeber fort. Er ist auch einer von vielen, denen wir im Rechtshilfezentrum für Wanderarbeiter in Peking begegnen. Kurz nach ihm betritt ein anderer Mann das Büro, um für eine Gruppe von 56 Männern vorzusprechen, die um umgerechnet fast 16 000 Euro geprellt wurden. Hier finden die Männer gratis Hilfe von Rechtsanwälten. Dass es das Büro gibt (seit 2006), hat sich wie ein Lauffeuer verbreitet – und das Echo ist überwältigend. 125 000 Fälle wurden hier bereits im ersten Jahr des Bestehens betreut. Meist geht es um nicht ausbezahlte Löhne, aber auch um Arbeitsunfälle, nach denen geleugnet wurde, dass man überhaupt beschäftigt gewesen sei.

Wo Xingwei ist einer der hier arbeitenden Anwälte. Als wir ihn besuchen, betreut er 80 Betroffene gleichzeitig. Manchmal sind in einem Fall nämlich gleich vierzig oder sogar mehr Arbeiter betroffen. Und das, so erklärt er, liege an der Art und Weise, wie Wanderarbeit funktioniert: Ein Mittelsmann wird vom Bauunternehmer beauftragt,

Handwerker zu organisieren. Auch die Auszahlung der Löhne soll über ihn laufen. Wenn die Arbeit zu Ende und der Auftraggeber verschwunden ist, steht der Mittelsmann gleich mit einer ganzen Gruppe ohne Geld da. Arbeitsverträge sind unüblich, Bezahlung wird nach getaner Arbeit versprochen – manchmal ist das erst nach einem Jahr. Für den Gründer des Rechtshilfebüros, Tong Li Hua, ist das längst nicht mehr das Problem einer Minderheit. „Heute haben wir 200 Millionen Wanderarbeiter, aber bald werden es 300 Millionen sein", sagt er. Aufgrund seiner Arbeit wurden schon mehrere Firmen zu Strafen verurteilt, vor allem aber, so glaubt er, hätten die Wanderarbeiter zu neuem Selbstbewusstsein gefunden. Wenn Löhne ausbleiben, würden sie jetzt zum Protest greifen, während sie sich früher stumm mit ihrem Schicksal abgefunden hätten. Und das hat ganz offensichtlich auch seine Wirkung auf die Politik.

Beim Volkskongress 2008, der jährlichen Parlamentstagung mit ihren knapp 3000 Abgeordneten, wurden erstmals auch Vertreter von Wanderarbeitern präsentiert. Viel zu sagen hatten sie nicht zu ihren politischen Ansichten und zu entscheiden haben sie ebenso wenig wie die anderen Abgeordneten, aber es war symbolträchtig. Die Wanderarbeiter in China haben eine Stimme erhalten. Sie sind kein Tabuthema mehr. Über ihr Schicksal darf gesprochen werden. Ein kleiner Trost auf der Suche nach dem bescheidensten Wohlstand.

Der kleine Sprung nach vorn

Chun Linglius kleine Tochter lacht über das ganze Gesicht. Normalerweise hätte Chengcheng nämlich mitten in der Woche keine Gelegenheit, ihre Mutter zum Mittagessen zu sehen. Die 8-Jährige lebt im Internat. „Wir hätten keine Zeit, uns um sie zu kümmern", sagt Chun Lingliu. Die Volksschule endet früh, schon um drei Uhr nachmittags, und beide Eltern arbeiten länger. Chun Lingliu hat einen guten Job: Sie arbeitet mitten im modernden Pekinger Büro- und Wohnbezirk SOHO als Büromanagerin einer internationalen Anwaltskanzlei. Ihr Mann Qiu Xianqiang ist IT-Experte und arbeitet beim Patentamt. Das einzige Kind, das die beiden haben dürfen, ist ein Wonneproppen. Die beiden haben so etwas wie einen „kleinen Sprung nach vorn" geschafft. Sie gehören zum wachsenden chinesischen Mittelstand. „Würden Sie sagen, dass Sie zum gehobenen Mittelstand gehören?", frage ich Frau Chun beim Mittagessen während ihrer Büropause. „Ich weiß nicht, schwer zu sagen", lacht sie.

Die Mittelklasse wächst

Über den Umfang der chinesischen Mittelklasse gibt es unterschiedliche Zahlen, und auch die Definition dessen, was Mittelklasse ist, variiert. Unbestritten aber ist, dass sie wächst. Laut Euromonitor waren 2007 80 Millionen Chinesen Teil der Mittelklasse, andere Zahlen sprechen von 100 bis 150 Millionen Menschen. Denn in manchen

Statistiken gehört man schon zur Mittelklasse, wenn man ein Jahreseinkommen von umgerechnet 6000 Euro hat. Andere Definitionen setzen bei einem Haushaltseinkommen von 15 000 Euro im Jahr und bei Vermögenswerten von 62 000 Euro an. Im Jahr 2010, so eine Statistik der Chinesischen Akademie der Sozialwissenschaften, sollen 100 Millionen Haushalte in China in diese Kategorie fallen. Die EU schätzt, dass 2020 700 Millionen Chinesen der Mittelklasse angehören werden. Das ist mehr als die Hälfte der Bevölkerung.

Das Ehepaar Chun – Qiu gehört zweifellos dazu. Und ist wahrscheinlich obere Mittelschicht. Bereitwillig geben die beiden Auskunft über ihr Jahreseinkommen. Danach zu fragen ist in China kein Tabu. Darüber zu reden völlig normal. „Wir verdienen gemeinsam 350 000 RMB pro Jahr", sagt Frau Chun, ein Stück Tofu in Bohnensoße gekonnt zwischen ihren Stäbchen balancierend. 350 000 RMB sind etwa 35 000 Euro. Mit einem gemeinsamen Monatseinkommen von rund 2900 Euro ist man der Masse wirklich um ein Vielfaches voraus. Wer einen guten Bürojob in Peking hat, verdient etwa um die 700 Euro, ein Fahrer kann sich glücklich schätzen, wenn er 300 Euro im Monat nach Hause bringt. Bauern dürfen sich über ein paar hundert Euro im Jahr freuen.

Aber die beiden gehen sparsam mit ihrem Wohlstand um. Nach der Heirat sind sie zusammengezogen, davon, bei den Eltern zu bleiben, hielt dieses Paar nichts. Erst lebte man in Miete, aber vor fünf Jahren haben sich die beiden eine Eigentumswohnung gekauft. Erschwinglich war diese nur, weil sie an der Peripherie von Peking liegt. Damals, vor fünf Jahren, war sie um umgerechnet 30 000 Euro zu haben, heute hat sich der Wert der Wohnung mehr als verdoppelt. Der Immobilienboom vor Olympia ließ die

Preise überall in Peking explodieren. 70 000 Euro könnte man lukrieren, würde man die Wohnung jetzt verkaufen. Dabei lebt die Kleinfamilie schon fast auf dem Land. „Ich wollte keine Wohnung im Zentrum, da würde ich nur für den Kredit arbeiten. Ich gönne mir lieber einmal im Jahr einen Urlaub", sagt Frau Chun. „Außerdem mag ich es dort, es ist grün um uns." „Ja, aber das Autofahren macht mich krank", wirft ihr Mann ein. Eine Stunde fährt er Morgen für Morgen in die Arbeit. Montags und donnerstags nimmt er die kleine Chengcheng mit. Im Volksschülerinternat wird nämlich nicht nur am Wochenende, sondern auch am Mittwoch zu Hause geschlafen.

Frau Chun nimmt den Bus, während sich ihr Mann durch den Pekinger Stau quält. Obwohl er immer öfter keinen Nerv mehr für das Auto hat, sind die beiden jetzt auf der Suche nach einem neuen Wagen. Man wolle ein größeres Auto, zum Einkaufen an den Wochenenden und für Ausflüge. Denn die neue Mittelklasse lebt in der Stadt. Und das wird sich so schnell nicht ändern. Wenn man die Bauern als größte Bevölkerungsgruppe überholt haben wird, wird die Mittelklasse immer noch zu 78 Prozent in den Städten leben, so die offizielle Schätzung. Und das ist ein unerschöpflicher Markt für Konsumgüter. Die Mittelklasse kauft Mikrowellenherde, Möbel, Kleidung. Vor allem aber Autos. Zurzeit kommen in China 44 Kraftfahrzeuge auf 1000 Einwohner, das ist weit unter dem internationalen Schnitt von 120 Kraftfahrzeugen auf 1000 Einwohner und Lichtjahre von den USA entfernt: Dort kommen auf 1000 Einwohner 750 Kraftfahrzeuge.

Den Wohlstand des Westens aufholen

Für die reicher werdenden Städter ist das Auto ein Statussymbol, oft aber auch eine Notwendigkeit. Früher hat man in der Produktionseinheit gelebt und gearbeitet. Dort gab es auch Schulen und Geschäfte. Heute muss man pendeln und der öffentliche Verkehr in Chinas Städten lässt zu wünschen übrig. Die Städter sind es aber nicht, denen der chinesische Automobilexperte Jia Xinguang die Autos gönnt. Er will sie auf dem Land sehen, und auf die Frage, ob das angesichts wachsender Umweltverschmutzung und schwindender Erdölreserven denn nicht der falsche Weg sei, hat er eine klare Antwort: „Jetzt sage ich vielleicht etwas Provokantes", meint er, „aber warum sollten wir Benzin sparen, damit die US-Amerikaner mehr verbrauchen können? Etwa damit die US-Bürger ihre SUVs fahren können, während wir mit Klein-PKW unterwegs sind?"

Viele Chinesen sehen es wie er. Sie finden es unfair, dass von ihnen der Verzicht auf jene Annehmlichkeiten gefordert wird, die die Menschen im Westen seit Jahrzehnten haben. Wenn China mit dem Rest der Welt über neue Klimaschutzziele verhandelt, wiederholt sich das Argument immer wieder: Warum sollten China oder Indien jene Umweltfolgen ausbaden, die die Industrielle Revolution im Westen verursacht hat?

2008 hat China die USA als größter Emissionsverursacher der Welt endgültig überholt. An manchen Tagen ist die Luftqualität in den Großstädten so schlecht, dass Ärzte nicht nur Alten und Kindern jede Bewegung im Freien verbieten müssten, sondern jedem. Durch Smog und allgegenwärtige Baustellen sind die Wohnungen in Peking ständig verstaubt.

Dabei ist das nach einem neuen Auto suchende Ehepaar

sehr gesundheits- und umweltbewusst, geradezu unkonventionell. „Wir haben keinen Fernseher, das ist nur ungesund", erzählen die beiden, während ihre Tochter einwirft: „Aber dafür kann ich in der Schule fernsehen." Ganz offensichtlich hat die Kleine doch etwas gefunden, was sie für die Trennung von zu Hause entschädigt.

Gemüse und Obst werden samstags auf dem Bauernmarkt in unmittelbarer Nähe der Siedlung eingekauft. Aus dem Supermarkt kommt nur, was nicht frisch sein muss. Aber genau für diesen Einkauf benötigt man das Auto. Und auch Chengcheng hat schon einen leichten Hang zu Konsumgütern: „Ich wünsche mir eine Barbie-Puppe", sagt sie, während sie ihre Nudeln schlürft. Schließlich bekommt sie mit dem Fernsehprogramm, das sie in der Schule sehen darf, genügend Werbeunterbrechungen mit serviert.

Alle Liebe und Sorge gilt dem einzigen Kind

Chengcheng ist ein ungewöhnliches Kind, zumindest was ihren Geschmack beim Essen betrifft. Sie stürzt sich auf das Gemüse und sie mag kein Fleisch. Den süßen Bohnenbrei lässt sie stehen. Dass die Kleine mit dem Pagenkopf und der Haarspange der ganze Stolz ihrer Eltern ist, ist offensichtlich. Aber leicht hat man es als Kind in China nicht. Da Städter nur ein einziges Kind haben dürfen – es sei denn, sie sind selbst beide Einzelkinder –, werden alle Hoffnungen in die Kleinen gesteckt. Und Chengchengs Stundenplan ist beeindruckend. In dem Internat, in dem sie ist, lernt sie am Nachmittag unter anderem Kalligrafie, an den Wochenenden lernt sie Englisch und Schach. Ursprünglich hatte sie, wie so viele andere Kinder, Klavier gelernt. Aber das musste sie aufgeben, als sie ins Internat kam, denn der Klavierunterricht fand zu Hause, in der Siedlung, statt. Mit einem solchen Freizeitprogramm ist Chengcheng nicht außergewöhnlich für ein Kind der neuen Mittelklasse. Das einzig Verwunderliche an ihr ist, dass sie nicht auch noch zu Sportstunden geschickt wird.

In China muss ein Kind die Wünsche und Erwartungen erfüllen, die man anderswo auf mehrere Kinder aufteilt: Das einzige Kind soll akademisch perfekt sein, ein Instrument spielen können und sportliche Höchstleistungen bringen. Angeblich spielen 36 Millionen chinesische Kinder Klavier. Dass es mit Lang Lang ein Meisterpianist aus China an die Weltspitze geschafft hat, hat einen neuen Klavierboom ausgelöst. Viele Kinder beginnen im Alter von vier Jahren mit dem Unterricht, die wenigsten können das Talent irgendwann zum Beruf machen.

Chengcheng könnte in der Siedlung am Stadtrand, in der sie wohnt, zur Schule gehen, aber ihre Eltern wollten das nicht. Die Schule dort sei einfach nicht gut genug, man wünsche sich etwas Besseres für die eigene Tochter. Also musste die Kleine schon als Volksschülerin ins Internat, ins Zentrum von Peking. „Das erste halbe Jahr war sehr schwer“, erzählt Frau Chung, „aber jetzt hat sie sich daran gewöhnt.“ Billig ist die Schule jedenfalls nicht, dabei ist es keine Privatschule, sondern eine ganz normale öffentliche, nur eben eine bessere als die in der Siedlung. Umgerechnet 1000 Euro im Jahr beträgt das Schulgeld in einem Staat, in dem Schule eigentlich gratis sein sollte. Aber das ist nicht alles. Von den Eltern werden auch sogenannte „Beiträge“ verlangt. Im Fall der kleinen Chengcheng waren das noch einmal umgerechnet 3000 Euro. Die chinesischen Schulen finanzieren sich über solche Beiträge.

Bildung – der Schlüssel für eine bessere Zukunft

Und es ist auch akademisch nicht einfach. „Sie muss sich gerade auf die Prüfungen vorbereiten", erzählt Frau Cheng, als wir sie im Juni treffen. Jahresabschlussprüfungen schon in der Grundschule, das ist für die chinesischen Kinder nur die Vorbereitung auf das, was ihnen in der Mittelschule noch bevorsteht.

Wenn in den Mittelschulen im Juni die Studienberechtigungsprüfungen abgelegt werden, kann man sehen, welchen Stellenwert Bildung in China hat. Vor den Schulen, in denen die Prüfungen abgehalten werden, wird tagelang der Verkehr verlangsamt und der ansonsten allgegenwärtige Baulärm gestoppt. Es herrscht akademischer Ausnahmezustand. Stundenlang harren Eltern und andere Verwandte in der Hitze vor den Schulen aus, das Mobiltelefon immer griffbereit. Sie sind zur Stelle, falls ihr Kind die Nerven wegwirft. Sie sind zur Stelle, um Mut zuzusprechen, sie sind zur Stelle, um moralisch beizustehen. Und dafür sitzen sie stunden- und tagelang auf Randsteinen und in ihren geparkten Autos und spielen nervös mit den Anhängern an ihren Handys.

Die Reifeprüfung ist in China ein Familienereignis. Die Kinder werden abgeschottet, bekocht und gehätschelt. Die Reifeprüfung ist nämlich für die ganze Familie wichtig. Sie entscheidet, ob die ganze Familie einen gesellschaftlichen Sprung nach vorn machen kann. Nur mit guten Noten werden es die Kinder auf eine der Eliteuniversitäten schaffen. Und nur das Studium an einer Eliteuniversität wird als Garantie für einen guten Job angesehen.

Chengcheng möchte einmal Ärztin oder Lehrerin werden, sagt sie. So genau weiß sie es noch nicht. Aber es wird nicht wirklich ihre freie Entscheidung sein. Der Weg an eine Eliteuniversität ist steinig, die Konkurrenz enorm. Möglicherweise wünscht sich ihre Mutter, dass die Tochter einmal in einer großen internationalen Anwaltskanzlei als Juristin arbeitet, nicht nur als Büromanagerin. Möglicherweise wird sie die Entscheidungen ihrer Tochter aber ebenso wenig verstehen, wie ihre eigenen Eltern ihren Job verstehen können. Sowohl Chun Lingliu als auch ihr Mann Qiu Xianqiang kommen aus Xian in Zentralchina. Chun Linglius Eltern sind nach Peking gezogen, als sie vier Jahre alt war, Qiu Xianqiangs Eltern sind in Xian geblieben. „Unsere Eltern sind in der Planwirtschaft aufgewachsen, sie verstehen nicht, wie die Privatwirtschaft funktioniert, sie verstehen damit auch nicht, wie viel Einsatz von uns gefordert wird", erzählt der IT-Techniker. „Diese Unterschiede in der Arbeitseinstellung führen zu so manchem Generationenkonflikt. Unsere Eltern haben ganz andere Lebensvorstellungen und machen Vorschläge, die heute nicht funktionieren können."

Und die Jungen haben einfach keine Zeit. Deshalb ist der Zeitplan für das Familienleben genauso durchorganisiert, wie alles andere im Leben durchorganisiert sein muss. Freitagabend holen die Großeltern mütterlicherseits die kleine Chengcheng vom Internat ab und bringen sie zu sich nach Hause. Dort übernachten dann auch die Eltern von Chengcheng. Der Freitagabend und der Samstagvormittag gehören der Großfamilie. Am Samstagnachmittag wird dann eingekauft, die kleine Chengcheng widmet sich ihrem Schachunterricht und ihrem außerschulischen Englischunterricht und am Sonntag hat man dann vielleicht doch Zeit für einen Ausflug. Ist das für die Tochter nicht zu viel? „Uns gefällt nicht, wie die Kleine in der Schule Englisch lernt, das ist viel zu altmodisch, nur so mit Büchern zu arbeiten", sagt Chengchengs Vater, der selbst nicht Englisch spricht. Seine Frau hingegen spricht fließend Englisch. Aber Chengcheng wird es sicher einmal noch besser können, wenn sie nur früh genug damit beginnt.

Wirtschaftlicher Aufschwung, Umweltschutz und sozialer Ausgleich

Zweifelsohne wollen diese Eltern für ihr Kind das Beste; ob das alles aber auch so gut ist, wird man sehen. Und die Eltern werden sich für ihre Tochter wohl auch eine bessere Umwelt wünschen als die, in der sie heute leben. Je mehr Menschen aber die eigene Situation verbessern, desto weniger bleibt in China von der Ursprünglichkeit. Es ist nicht nur eine Geldfrage, dass man an die Peripherie gezogen ist, dorthin, wo vor einigen Jahren noch Dörfer waren. Man will in der Natur sein. Damit unterscheidet sich die chinesische Mittelklasse in nichts von der im Westen. Ihr ist die eigene Mobilität wichtig, gleichzeitig will sie aber auch eine gute Lebensqualität.

Obwohl es genau diese Menschen sind, die mehr und mehr Fahrzeuge auf Chinas Straßen bringen und mehr und mehr konsumieren, ist die Mittelschicht zugleich auch verantwortlich für das steigende Umweltbewusstsein in China. Ihre Bedürfnisse und ihre Wünsche erhalten immer mehr Gewicht.

In Shanghai protestierten Anfang 2008 Bewohner einer Siedlung gegen die Verlängerung der Hochgeschwindigkeitsbahn. Sie haben sich die Wohnungen nicht gekauft, um im Lärm zu leben. Neue Eigentümer wollen auch eine neue Wohnqualität.

Zheng Xinli, Vizeminister in der Forschungsabteilung der KP, will das auch gar nicht leugnen. Bei einer Pressekonferenz Ende 2007 räumte er ein, dass Chinas wirtschaftliche Entwicklung der Natur exzessive Kosten abverlangt habe. Die chinesische Wirtschaft sei noch ineffizient und verschmutze die Umwelt. „Ein wachsender Mittelstand wird sicherstellen, dass mehr und mehr Menschen zu Nutznießern der Reform werden und diese damit von mehr und mehr Menschen unterstützt wird", meint er.

Unter dem Schlagwort „Wissenschaftliche Entwicklung" will die chinesische Führung den Ausgleich zwischen Wirtschaftswachstum und Umweltschutz, Entwicklung der Städte und Entwicklung des Landes, aber auch den sozialen Ausgleich schaffen. Laut Weltbank wurden seit Beginn der Reform- und Öffnungspolitik 1978 400 Millionen Menschen in China aus der Armut geholt, aber trotz des steigenden Wohlstandes gibt es weiterhin bitterste Armut. 137 Millionen Chinesen leben laut Angaben der Weltbank von weniger als einem Dollar pro Tag. Die innerchinesische Armutsgrenze liegt noch tiefer: bei 70 Cent. Diese „absolute Armut", wie man sie nennt, soll bis 2020 ausgemerzt sein. Bis dahin soll der Mittelstand, der heute eine Minderheit in der Gesamtbevölkerung stellt, zur stärksten Bevölkerungsgruppe angewachsen sein. Wenn erst einmal 700 Millionen Chinesen den „kleinen Sprung nach vorn" geschafft haben werden, dann wird es in China wirklich spannend: gesellschaftlich und politisch. Chengcheng gehört nämlich zu jenen Chinesinnen und Chinesen, die schon im Wohlstand aufwachsen. Wenn sie einmal erwachsen ist, könnte sie nach Dingen verlangen, die man nicht kaufen kann, nach Dingen wie Demokratie zum Beispiel. Das wäre dann wirklich ein großer Sprung nach vorn.

Marx oder Konfuzius?

Ich kann nicht dafür garantieren, aber ich habe die starke Vermutung, dass es solch einen Platz kein zweites Mal gibt, nicht einmal in China. Auf dem Hauptplatz von Nanjiecun – was übersetzt so viel heißt wie Südstraßendorf – reihen sich die Großen der Ideologie aneinander: zwei riesige Porträts von Marx und Engels auf der einen, zwei weitere von Lenin und Stalin auf der anderen Seite und in der Mitte thronend eine Statue des Großen Steuermannes Mao. Wie in einer „richtigen" Stadt schieben Soldaten Wache vor dem Heiligtum. Dabei ist Nanjiecun nach chinesischen Maßstäben wirklich nur ein Dorf, auch wenn es in Europa als Kleinstadt durchginge. Der lokale Parteiverantwortliche führt uns stolz auf diesen Platz und spricht von der Umsetzung des kommunistischen Gedankengutes. Das machen viele Parteikader in China, aber in Nanjiecun hat man es auch tatsächlich umgesetzt. Einen ersten Vorgeschmack darauf bekommen wir, als wir in das Dorf gebracht werden. Eines der Teammitglieder ist schwer erkältet. „Kein Problem", sagt der Fahrer, „besorgen wir eben Medikamente." Einen ganzen Sack davon gibt es schließlich gratis. Anders als der Rest Chinas hat Nanjiecun die allgemeine kostenlose Gesundheitsversorgung nämlich umgesetzt.

Im Hotel der Kleinstadt empfangen uns Bedienstete in schweren grünen Armeemänteln. Über der Rezeption hängt eine Uhr, die wir in Nanjiecun noch öfter sehen werden: Sie zeigt ganz groß Mao und in etwas kleineren, digitalen Anzeigen auch die Zeit und das Datum. Wenn man

auf einen Seitenknopf drückt, spielt sie „Der Osten ist rot"
und taucht Mao in einen Regenbogen.

Kommunismus in Reinkultur – oder doch nicht ganz?

Herr Huang hat auch so eine Uhr. Wie alles andere in seiner
Wohnung war sie gratis. Ganz abgesehen davon, dass auch
die Wohnung selbst gratis ist. Auf 80 Quadratmetern lebt
er mit seiner Frau. „Strom und Gas bekommen wir gratis und die Einrichtung auch", sagt er. Miete wird ohnehin
keine verlangt. In Nanjiecun sorgt die Partei für wirklich
alles: Es gibt Essensmarken und Bekleidung gratis. Man
könnte sich selbst auch gar keine leisten, denn das Höchst-
gehalt beträgt hier umgerechnet 24 Euro im Monat. Auf
der allerhöchsten Stufe des Sozialismus, so erfahren wir,
wird auch das nicht mehr notwendig sein. Die Partei spon-
sert sogar Urlaub für die Dorfbewohner. Und sollte man
wider Erwarten etwas haben wollen, was die Partei nicht
bietet, kann man die Marken, sprich die eigene Währung,
im Dorfsupermarkt gegen Waren tauschen. Netterweise
akzeptiert dieser Supermarkt auch die offizielle Währung
des Landes, den Renminbi.

Es ist keineswegs so, dass Nanjiecun ein Relikt aus der
Vergangenheit ist. Der Aufstieg zum Arbeiterparadies
wurde im Gegenteil erst durch die Reform- und Öffnungspolitik möglich. Die Bauern von Nanjiecun haben
sich nämlich zusammengetan, und die erste von heute
rund 20 von ihnen errichteten Fabriken war ein so kluger
Schachzug, dass er dem Dorf seinen Reichtum gebracht
hat, den man jetzt fröhlich umverteilen kann. Nanjiecun
ist nämlich ein Instant-Nudel-Mekka. Was hier produziert

wird, ist in China als Imbiss höchst beliebt. Man schüttet zwei Päckchen mit Soße und Geschmacksverstärker über die Nudeln, gießt das Ganze mit kochendem Wasser auf und hat nach einigen Minuten ein billiges und schnelles Mittagessen. Die Trockennudel-Produktion ist ein Joint Venture mit Japan, was bedeutet, dass sich diese Nudeln auch in Japan vorzüglich verkaufen. Mittlerweile wird in Nanjiecun freilich noch mehr produziert als nur das. In der Kartonfabrik singen die Arbeiter zum Schichtwechsel „Ohne Partei gibt es kein neues China". Nanjiecun hat auch seine eigene Bierfabrik sowie einen kleinen Vergnügungspark, den Nachbau von Maos Geburtshaus inklusive. Am Dorfrand steht ein kleines Kraftwerk, nur Autos sieht man keine. Wer die Stadt verlassen will, kann sich ein Auto ausleihen, im Dorf selbst fahren kleine, offene Elektroautos, die mehreren Personen Platz bieten und von adrett gekleideten jungen Frauen gelenkt werden.

Um den Hauptplatz versammeln sich immer wieder Touristen aus ganz China, die den Erfolg des Dorfes bewundern. „Warum ist das bei euch nicht so?", fragen wir, aber die Beantwortung dieser Frage ist ihnen dann doch zu heiß. In der Tat ist es zwar so, dass Nanjiecun seinen Einwohnern den Lebensstandard bietet, den die Partei allen verspricht, aber ganz so klassenlos, wie es auf den ersten Blick aussieht, ist das Kommunistendorf dann doch nicht. Für die 3000 Einwohner arbeiten nämlich 7000 Gastarbeiter. Sie verdienen mehr, haben aber nicht die Begünstigungen der „Ureinwohner", womit das Erfolgsrezept dann schnell erklärt wäre. Nanjiecun ist mit seinen vielen Gastarbeitern also nichts weiter als ein China im Kleinen. Und selbst Nanjiecun zeigt, dass nicht überall, wo Kommunismus draufsteht, auch Kommunismus drin ist.

Chinesische Praxis des Kommunismus

Man muss in China tatsächlich sehr lange suchen, um irgendetwas zu finden, das wirklich kommunistisch ist, von der Führung einmal abgesehen. Im boomenden China wirkt der alle fünf Jahre stattfindende Parteitag mit seinem orchestrierten Einmarsch und den stundenlangen Reden, bei denen jeder Anwesende brav mitliest und wie auf Kommando umblättert, wie ein sonderbares Relikt. Denn die Realität draußen hat nichts mit dem zu tun, was man als Mitteleuropäer mit Kommunismus verbindet. Mein Begriff von Kommunismus sind beispielsweise die grauen Supermärkte im ehemaligen Jugoslawien, wo alle drei Seifen der Marke Saponija Osijek exakt gleich gerochen haben, ganz egal, ob auf der Packung Maiglöckchen, Rosen oder Nelken abgebildet waren. Saponija Osijek und fahlgesichtige, farblos gekleidete Menschen, die sich langsam bewegen, sind mein Begriff von Kommunismus. In den chinesischen Supermarktregalen finde ich zahlreiche Seifen, die unterschiedlich riechen, ich finde Importware und ich sehe Massen an Menschen, die sich fast genauso kleiden wie wir. Besser gesagt, wir kleiden uns wahrscheinlich wie sie, denn schließlich kommen unsere Textilien aus diesem Raum. Natürlich meine ich hier die Städte; aber auch die beschriebenen Supermärkte mit Saponija Osijek im Regal habe ich in Ljubljana gesehen und nicht in einem slowenischen Dorf.

Im kommunistischen China sieht man hypermoderne Bauten und Bars, wie es sie in den meisten Städten Europas nicht gibt. Peking ist ein Tummelplatz der modernen Konsumgläubigen. Nur in einer Buchhandlung fühlte ich mich auf der Suche nach Importware wie vor drei Packungen Seife von Saponija Osijek, die alle gleich wenig überzeugend riechen.

Glitzern, Hocharbeiten und Konsumwahn irgendwie mit Kommunismus zu verbinden, fällt mir als Saponija-Osijek-Geprägte einfach schwer. Aber wahrscheinlich bin ich nicht die Einzige, der es so geht. In der Tat ist es sehr schwierig, das eine irgendwie mit dem anderen erklären zu können. Aber die chinesische Führung hat dafür eine gute Erklärung gefunden: China sei eben erst auf der ersten Stufe des Kommunismus. In der Tat ist so manches Land in Europa sozialistischer als China. Das habe ich auch versucht, jenem Offizier zu erklären, der beim Großen Beben unseren Generator nützte, um sein Mobiltelefon aufzuladen, weil die neben uns campierenden Soldaten keinen eigenen hatten. „Der Staat wird den Opfern Häuser geben, wir haben hier nämlich Sozialismus, wissen Sie", sagte er freundlich. Ich, nicht minder freundlich, wies ihn dagegen darauf hin, dass in meinem Land, anders als in China, Schulen und Krankenhäuser gratis seien, wir genau genommen also sozialistischer seien als sein Land. Und Katastrophenhilfe, die gebe es bei uns auch.

Wahrscheinlich ist Europa aber einfach nur auf einer „höheren Stufe des Sozialismus" als China. Aber wenn man der Führung zuhört, wird man feststellen, dass sie ihre Zukunft ohnehin in der weiteren Vergangenheit sucht. Wann immer ein chinesischer Politiker von Harmonie spricht, nimmt er Anleihe bei Konfuzius. Konfuzianismus ist den Chinesen vertraut und praktischerweise geht er nicht mit Demokratie Hand in Hand. Weise ältere Männer schulen ihre eigenen Nachfolger, zum Wohle des Landes und in völliger Harmonie. Genau so will sich auch die Kommunistische Partei präsentieren. Beim Parteitag 2007 war klar, wer beim Parteitag 2012 zum Premier beziehungsweise zum neuen Parteichef und Präsidenten des Landes gekürt wird. Sofern ihnen keine gravierenden

Fehler unterlaufen, werden der Präsident Chinas ab 2012 Xi Jinping und der nächste Premier Li Keqiang heißen. Die beiden werden jetzt schon Schritt für Schritt aufgebaut, sie empfangen Gäste, dürfen sich äußern, sollen den Chinesen – und nicht nur ihnen – präsent und vertraut werden.

So mancher westliche Politiker wird diese Berechenbarkeit insgeheim vielleicht bewundern. Denn China ist ein Land, wo man genau weiß, mit wem man es auch in zwei Jahren noch zu tun haben wird, und ein Land, in dem gemachte Zusagen nach außen leicht umzusetzen sind. Ein westlicher Politiker hat mir einmal erzählt, dass er von seinem Gesprächspartner, nachdem er ihm die Probleme in seiner Koalition geschildert hatte, nur ein Achselzucken geerntet hat und den vielsagenden Satz: „Tja, Demokratie, eben!"

Sozialistische Demokratie chinesischer Prägung

Aber dass es so ganz ohne Demokratie nicht weitergehen kann, dürfte den Parteigroßen dennoch bewusst geworden sein. Ohne viel mediale Beachtung erschien Anfang 2008 ein Buch, das von der Partei abgesegnet war, da es von der Parteiakademie herausgebracht wurde. Es durfte zwar nicht zum Parteitag erscheinen und wurde in einer wenig bekannten Druckerei gedruckt, aber für chinesische Verhältnisse beinhaltet das Demokratiebuch mit dem Titel „Die Festung erstürmen" nahezu revolutionäre Ansichten. Nicht etwa, dass die Autoren hier die Vorherrschaft der Partei in Frage stellen oder gar allgemeine Wahlen fordern, sie sparen aber auch nicht mit Kritik. Die Partei habe Fehler gemacht und müsse sich reformieren, fordern die Autoren. Die Regierung müsse serviceorientierter werden, denn in vielen Bereichen, wie etwa Bildung oder Gesundheit, stünden die Dinge in China nicht zum Besten. Weil die Medien nur als Sprachrohr der Partei wahrgenommen würden, glaube ihnen niemand mehr, dabei hätten Medien eine Kontrollfunktion zu erfüllen, zum Beispiel bei der Bekämpfung der Korruption. Der politische Einfluss auf die Medien solle zurückgehen. Zudem sollen die Medien die Massen repräsentieren, nicht nur ihre Führer, so der Bericht.

Besonders weit reichend aber sind die Gedanken der Experten zur Justizreform. Sie fordern eine tatsächlich unabhängige erste Instanz und obere Instanzen, die nicht mehr mit jedem Fall beschäftigt werden sollen. Sie wünschen sich auch professionellere Richter. Zurzeit ist das Richteramt nämlich oft ein Alterssitz für verdiente Armeeangehörige. Und so manches Gericht muss sich über Gebühren, die von Ort zu Ort variieren, selbst nach Einnahmequellen umsehen.

Ganz deutlich sind die Experten, wenn es um den Volkskongress geht, also das Parlament, das laut chinesischer Verfassung das höchste Machtorgan des Landes ist, tatsächlich aber nur einmal im Jahr absegnet, was die Führung bereits beschlossen hat. Hier wollen die Experten ein abgeschlanktes Parlament mit echter Kontrollfunktion. „Sozialistische Demokratie chinesischer Prägung" nennen die Autoren, was ihnen vorschwebt. Und das entspreche genau den lokalen Gegebenheiten. Man sei nämlich weder ein striktes Einparteiensystem noch eine Demokratie.

Ein Hauch von Mitbestimmung

Unter diesem Titel werden die Chinesen in den nächsten Jahren wohl etwas mehr Mitbestimmung auf lokaler Ebene erhalten. Für mich war ein Gespräch mit einem anderen Politikexperten sehr aufschlussreich. Auch er sprach von der Notwendigkeit einer Medienreform und mehr Grundrechten. Aber er lobte auch das Modell der österreichischen Sozialpartnerschaft. Davon kann ich nur ableiten, dass den Vordenkern der Partei die Idee, durch die Bildung von Interessenvertretungen so etwas wie einen Hauch von Mitbestimmung ins Land zu bringen, offenbar gefällt.

Dreißig Jahre nach Beginn der Reform- und Öffnungspolitik in der Wirtschaft ist nämlich klar, dass die Reformen im politischen Bereich völlig hinterherhinken. Ein Volk, das zu Wohlstand gelangt, wird irgendwann auch mehr Mitbestimmung fordern. Noch scheint der Großteil der Chinesen aber damit beschäftigt, den eigenen Lebensstandard zu heben. Westliche Demokraten sind bei China eher hilflos. Es geht hier nicht nur darum, dass China als Land zu groß und zu mächtig ist, als dass man wirklich Druck ausüben könnte. Es geht auch darum, dass jeder Druck von außen die Führung nur festigt. Die Olympischen Spiele und die Tibet-Proteste haben in China eine neue nationalistische Welle ausgelöst. Die Blogs sind voll mit jungen Patrioten. Der chinesischen Führung kann es so gesehen nur recht sein, wenn Kritik von außen kommt.

Ob sich die Chinesen auf Dauer damit zufrieden geben werden, vielleicht etwas stärker bei Lokalwahlen mitwirken zu können und über diverse Interessenvertretungen Mitbestimmung zu haben, ist ihre eigene Entscheidung, von außen erzwungen werden kann sie wahrscheinlich nicht. Derzeit ist China jedenfalls ein Land, in dem mehr und mehr Unternehmer KP-Mitglieder werden. Das ist offenbar gut fürs Geschäft. Die chinesische KP hat keine Nachwuchssorgen, und das ist wenig verwunderlich. Dass das chinesische Paradoxon noch funktioniert, zeigt sich eben nicht nur in Nanjiecun.

Reichtum ist keine Schande

Aktien spielen

Die Milchstraße ist weit weg. Und wenn man sich hier umsieht, ist es der Reichtum auch. So gesehen ist der Name des Börsenbüros wirklich gut gewählt. Die „Milchstraße" ist eines jener zahlreichen Lokale in Peking, in denen man mit Aktien spekulieren kann. Viele Chinesen nennen das „Aktien spielen". Und so betreiben sie es auch.

In der „Milchstraße" sind einige Sessel, in Bankreihen aufgestellt, vor einem riesigen Monitor aufgebaut. Hier kann man den ganzen Tag verbringen. Nicht wenige haben genau das vor. Einige Besucher haben Lektüre mitgebracht, andere halten einen kurzen Mittagsschlaf.

Hinter einem der Pfeiler sitzt ein Grüppchen älterer Herren auf dem Boden. Die großen, oben verschraubten Teegläser, die an Marmeladegläser erinnern, stehen schon länger unberührt auf dem Boden. Denn gerade ist es spannend geworden. Gemeint ist damit nicht die Kurve auf der Anzeigetafel, gemeint ist das Kartenspiel, dem sich die Herren gerade widmen. Kartenspiel gehört in China zum Aktienspiel. Obwohl es nicht erlaubt ist, liegen kleine Geldscheine neben den Männern. Denn hier trifft man sich zu einer Kartenpartie, bei der es auch um etwas geht. In der „Milchstraße" wird gezockt, geraucht, Tee getrunken und gespuckt. Die Menschen sprechen wild durcheinander. Wer die „Milchstraße" betritt, hat das Gefühl, in der Wartehalle eines Provinzbahnhofs gelandet zu sein, in dem der zweite von insgesamt drei Regionalzügen gerade Verspätung hat.

Aber jeder will aufspringen auf den Zug der spektakulären Aktiengewinne, auch wenn man sich die Fahrkarte nicht leisten kann und auch wenn der günstige Vorverkauf schon längst vorüber ist. Zu verlockend sind die Gewinne.

Der Aktienmarkt in China ist jung, er öffnete erst 1990 und hat Jahre des Wachstums gesehen. Auf den beiden Festlandbörsen von Shanghai und Shenzhen waren vor allem die letzten beiden Jahre stark. Aber der chinesische Aktienmarkt ist auch nichts für schwache Nerven. Dass Aktien um 40 Prozent einbrechen und dann wieder zulegen, ist die Kehrseite. Viel tun kann man dagegen nicht, in einem Land, in dem es an langfristiger Anlagekultur fehlt und jeder vom schnellen Reichtum träumt. Bei der geringsten Unruhe wird wie wild verkauft, dann wird wieder wie wild gekauft. Die chinesische Börse ist eine Achterbahn.

Von dieser Nervosität bemerkt man in der „Milchstraße" nicht viel. Sie ist in erster Linie ein Wartesaal. Denn hier, auf den Stühlen, kann man nicht mehr ausrichten, als abzuwarten und Tee zu trinken. Aber am Rand, dort wo die Computer stehen, wird auch wirklich gehandelt.

Kein einziger der Menschen hier sieht aus, als hätte er wirklich Geld zum Verspekulieren übrig. Die meisten Besucher sind mittleren Alters oder wahrscheinlich bereits pensioniert. Sie spielen hier auch nicht nur für sich selbst in Aktien. Sie spekulieren mit dem Geld ihrer Kinder und dem ihrer Enkel. Und es ist nicht die große Risikobereitschaft, die die meisten hierher bringt. Von Studenten, die ihre Studiengebühren finanzieren wollen, bis zu Pensionisten, die eine Altersversorgung benötigen, sind alle hier.

Die große Hoffnung aufs schnelle Geld – gefolgt vom Börsencrash

100 Millionen Chinesen sind mittlerweile Aktienbesitzer. Sie versuchen am Boom mitzunaschen, weil man erstens in China für alles sparen muss – sei es den Krankheitsfall, sei es das Studium der Kinder – und sie zweitens von dem träumen, was man anderswo auf der Welt auch hat: einem Auto und einer Wohnung. Per SMS werden die Chinesen dazu aufgefordert, aufzustehen und anzulegen.

Und die Auswahl an Aktien ist groß. Eineinhalbtausend Firmen sind börsennotiert und täglich kommen neue dazu. „Die Kurse steigen, der Wirtschaft geht es gut", sagt einer der Männer, die hier auf das große Geld hoffen. Die Frau neben ihm hat ihren Optimismus hingegen bereits abgelegt. Sie hat umgerechnet an die 4000 Euro investiert, dabei viel verloren und will das jetzt zurückgewinnen. 4000 Euro sind in China kein kleines, sondern ein wahres Vermögen.

Viele Menschen in diesem Büro versuchen einfach nur auszugleichen, was sie verloren haben. Nur einen vorsichtigen Anleger treffen wir hier: „Vier Prozent Gewinn genügen völlig", meint er.

In einem anderen Büro will uns zunächst niemand etwas sagen. Anlegen und abwinken, scheint das Motto hier zu lauten. Anhand der Anzeigetafel erklärt der Chef des Büros nach Ende des Handels, was sich heute ereignet hat. Aber wohin die Kurve gegangen ist, sieht man ohnehin. Keiner der hier anwesenden Anleger hat sich wirklich mit dem Hintergrund der börsennotierten Unternehmen beschäftigt. Und noch viel weniger hat man sich mit der US-Kreditkrise beschäftigt, die im Frühling 2008 auch die asiatischen Börsen erreicht hat.

Die chinesischen Anleger spüren es hart. Tag für Tag fällt der Index um sieben Prozent. Im März 2008 haben die Aktien gegenüber dem November des Vorjahres 50 Prozent an Wert verloren. Umgerechnet 160 Milliarden Euro an Vermögen wurden vernichtet.

Es sind die Kleinanleger, denen das besonders wehtut. Wütend ziehen sie vor Regierungsämter, sagen, hinters Licht geführt worden zu sein, und beschuldigen „die Großen", es sich gerichtet zu haben. Wenn in China die Börsenkurse fallen, trifft das nicht ein paar smarte Männer in guten Anzügen oder einen Mittelstand, der es sich leisten kann, mit einem Teil der Ersparnisse zu spekulieren, es trifft eine Masse an Menschen, die im Glauben an den anhaltenden Boom alles, was sie haben, in Aktien investiert haben und manchmal auch das, was sie nicht haben. Nicht selten nimmt ein Spekulant einen Kredit auf oder zockt mit geborgtem Geld. Damit ist ein Börsencrash in China nicht in erster Linie ein wirtschaftliches Problem, sondern ein soziales.

Die chinesische Führung weiß das. Immer wieder werden Anleger gewarnt. Spekulieren ist gut, dafür einen Kredit aufzunehmen, allerdings nicht, richtet man den Bürgern sinngemäß aus.

Vielleicht sollten sie besser das Bankenwesen reformieren und die Produkte, die diese Banken anbieten. Denn das Problem ist hausgemacht: In China fehlt es einerseits an attraktiven Anlageformen und andererseits an Sozialleistungen, und so kommt nach jedem Börsencrash die Angst vor dem Volkszorn. Und so wird nach jedem Crash erklärt, dass die Führung jetzt weniger riskante Anleihen forcieren will.

Wie an den internationalen Börsen, sind auch in China im Frühling 2008 Rohstoffe die Hauptverlierer. Der Aktienkurs des Erdölgiganten Petro China, der für ein Viertel des Shanghai Composite sorgt, fällt, ebenso jener des Rivalen Sinopec. China erfährt, dass es offenbar doch nicht mehr so isoliert ist von der internationalen Finanzwelt. Dennoch sind viele Experten der Meinung, dass es in China genügend Wachstum gibt, um den Aufwärtstrend auch in den nächsten Jahren fortzusetzen. Und manch einer spricht auch von einer Korrektur. Viele Aktien seien extrem überbewertet gewesen.

Denn China ist auch das Land der spektakulären Börsengänge. Petro China, der zweitgrößte Ölkonzern der Welt, ging erst wenige Monate vor dem Crash auch an die Börse von Shanghai, um dort 6 Milliarden US-Dollar zu lukrieren. Viele chinesische Unternehmen notieren zunächst in Hongkong und erst dann auf dem Festland. Man ist dabei in guter Gesellschaft: Auch China Mobile, ein Mobilfunkbetreiber mit immerhin 390 Millionen Kunden, geht nach Hongkong nun auch nach Shanghai, ebenso die China Construction Bank, der der Börsengang in Hongkong 2005 schon 8 Milliarden US-Dollar gebracht hat. Aber das alles ist nichts verglichen mit dem spektakulären Auftritt der Industrial and Commercial Bank, die mit einem parallelen Börsengang in Shanghai und Hongkong fast 22 Milliarden Dollar lukriert und damit einen Weltrekord aufgestellt hat.

Hauptsorge Nummer eins: die Inflation

Nur, wer hat etwas von solchen Rekorden? Gleichzeitig mit der Börsenkrise gibt es noch einmal schlechte Nachrichten für die durchschnittlichen Chinesen. Die Inflation in China erreicht neue Rekordwerte. Wirklich offensichtlich wird die Preissteigerung bei der sogenannten „Schnee-krise", als unmittelbar vor dem so wichtigen Frühlingsfest 2008 Hunderttausende Menschen wegen eines Wintereinbruchs in Südchina festsitzen. Ebenso wie sie sitzen auch Lebensmitteltransporte fest. So gut wie jedes Gemüse wird empfindlich teurer, in manchen Fällen verdoppeln sich die Preise sogar.

Es wird schnell offensichtlich, dass das kein einmaliger Sprung war, der durch eine Transportkrise ausgelöst wurde. Offiziell liegt die Teuerungsrate bei 8 Prozent, tatsächlich dürfte sie viel höher sein. Und tatsächlich wäre sie noch viel höher, würde die chinesische Führung nicht bestimmte Preise kontrollieren und stützen. Treibstoffe müssten in China beispielsweise um 30 Prozent teurer sein, würde man den Weltmarktpreisen folgen. Auch Energie müsste eigentlich teurer sein, weil der Rohstoff, aus dem die meiste Energie in China gewonnen wird, nämlich Kohle, ebenfalls teurer wird. Viele der lebensgefährlichen kleinen Kohlegruben wurden in den letzten Jahren in China nämlich geschlossen. Jetzt gibt es Engpässe. Weil die Führung es den Energieversorgern nicht gestattet, die Preise anzugleichen, schalten diese den Strom stellenweise einfach ab. Zu unter der Schneelast gebrochenen Stromleitungen kommt in der „Schneekrise" eine Energieknappheit, die mit der Winterkrise nichts zu tun hat.

Die Inflation ist für die chinesische Politik das noch viel größere soziale Problem als Spekulanten, die in den wirtschaftlichen Ruin gestürzt werden. Denn es gibt zwar 100 Millionen Aktienbesitzer, insgesamt aber 1,3 Milliarden Chinesen, die alle essen wollen. Ihr Lieblingsfleisch, Schwein, wird so teuer, dass die Führung staatliche Lebensmittelreserven auf den Markt werfen muss. Getreide wird auf der ganzen Welt knapp und teuer, zu einem Gutteil wegen des Booms bei Biotreibstoffen.

Kein Wunder, dass Regierungschef Wen Jiabao die Inflation bei der jährlichen Tagung des Volkskongresses, also des Parlaments, das sich nur einmal im Jahr trifft, als „größte Sorge der Menschen" bezeichnet. Er will die Inflation im Jahr 2008 auf unter 5 Prozent drücken, aber Mitte des Jahres ist klar, dass dafür wohl ein Wunder vonnöten sein wird. Das glaubt auch David Dollar, der Vertreter der Weltbank in Peking. Und er warnt die chinesische Führung davor, das Problem zu unterschätzen. „Inflation ist in China eine historisch sehr sensible Frage", sagt er. „Wir haben in den 50er-Jahren des vergangenen Jahrhunderts einige Perioden hoher Inflation erlebt. Auch in der jüngeren Geschichte gab es Zeiten, in denen die Inflation auf über 10 Prozent gestiegen ist, was die Menschen natürlich beunruhigt." Als Verursacher der weltweiten Inflation sieht Dollar China nicht. Es seien die Expansionspolitik der USA zum einen und die Forcierung der Biokraftstoffe zum anderen, die zu den Preissteigerungen auch in China geführt haben. Dazu kommt, dass auch die Chinesen heute Nahrungsmittel zu sich nehmen, die sie historisch nicht in diesem Ausmaß konsumiert haben. Sie essen nicht nur mehr Fleisch als früher, sie trinken auch mehr Milch und essen mehr Milchprodukte. Für die Viehhaltung benötigt man Weideland und Futtermittel.

In der Inflationskrise greift so mancher Chinese fürs Abendessen jetzt lieber zu Tiefkühlshrimps als zu Schweinefleisch. Absurderweise sind diese billiger geworden.

Auf einem Markt im Südwesten des Landes, in der Provinz Yunnan, sehen wir, dass niemand von den Auswirkungen der Inflation verschont bleibt. Auch in der Kleinstadt Lijiang dreht so mancher seinen Yuan zweimal um, bevor er etwas kauft, und die Händler stöhnen. Die Fleischhalle ist so gut wie menschenleer, gelangweilt warten die Verkäuferinnen auf Kunden. „Fleisch ist schon im Einkauf teurer geworden, da muss auch ich die Preise anheben. Das Geschäft geht überhaupt nicht mehr gut, es ist schwierig, hier noch etwas zu verdienen", sagt eine Händlerin. Ihren Kollegen bei Obst und Gemüse geht es nicht besser. „Ich verkaufe nicht einmal mehr die Hälfte von dem, was ich im vergangenen Jahr abgesetzt habe. In dieser Jahreszeit geht das Geschäft besonders schlecht", sagt ein Gemüsehändler. Und der Obsthändler neben ihm kann ihm nur beipflichten: „Ja, die Preise sind in die Höhe geschnellt, auch schon im vergangenen Jahr. Das Geschäft ist schwierig, denn vieles ist teurer geworden."

Diese Teuerung spürt jeder und mittlerweile hat sich die Preis-Lohn-Spirale in Gang gesetzt. Weil alles teurer wird, muss den Arbeitern in China mehr Lohn bezahlt werden, was wiederum dazu führt, dass die Produkte, die sie produzieren, teurer werden. Einige Produkte sind schon früher teurer geworden, weil China nach und nach umsetzt, was man verlangt: Die Fabriken folgen strengeren Auflagen – im Umweltbereich, aber auch im Sozialbereich – und das macht die Produkte teurer.

Wenn die Führung wirklich etwas gegen die Inflation tun will, wird sie die Währung anpassen müssen, glaubt der Experte der Weltbank, die eigentlich nie solche Empfehlungen abgibt. In den ersten Monaten 2008 wurde der chinesische Yuan gegenüber dem US-Dollar schon stärker, dem Euro gegenüber aber blieb der Kurs unverändert, im Gegenteil, der Euro legte sogar leicht zu. Europa ist für China der wichtigste Absatzmarkt. Die chinesischen Exporte nach Europa wachsen weiterhin an, gleichzeitig legen aber auch die Importe nach China zu. Dennoch bleibt eine große Differenz. China sagt zwar immer wieder, an einer ausgeglichenen Handelsbilanz interessiert zu sein, hält den Yuan aber gegenüber dem Euro niedrig, um die eigenen Exporte nicht zu gefährden. „Wenn man die Inflation wirklich unter Kontrolle bringen will, muss man seine Währung generell anpassen, das betrifft auch den Euro", sagt Weltbank-Vertreter David Dollar. „Um die Inflationsziele zu erreichen, würde es für China also Sinn machen, den Yuan auch gegenüber dem Euro aufzuwerten."

Was das für den europäischen Konsumenten bedeutet, liegt auf der Hand. Ein stärkerer Yuan würde Exporte nach Europa teurer machen. Die Zeit der chinesischen Billigstimporte neigt sich ihrem Ende zu – nicht nur weil China seine Inflation in den Griff bekommen muss. Aber vielleicht schafft es der Börsenboom in China doch, den einen oder anderen Wohlstand zu kreieren. Reichere Chinesen könnten sich dann schließlich auch europäische Produkte leisten. Diese gelten jetzt, wie alles Westliche, als modern und erstrebenswert, leider aber auch als unerschwinglich.

Der Katastrophenfall

Herr Chang und seine Frau sprechen kein Wort, während die Nachrichten laufen. Wie schon seit Wochen, kennen die Nachrichten auf CCTV seit Mitte Mai 2008 nur ein Thema: das Erdbeben in der Provinz Sichuan. Aus allen Teilen des Erdbebengebietes melden sich Reporter. Man berichtet über Hilfslieferungen, die eintreffen, über einen durch einen Bergrutsch geschaffenen Stausee, dessen Damm zu bersten droht, und über Eltern, die ihre Kinder verloren haben, weil Schulen zu schlecht gebaut waren. Die dafür Verantwortlichen werden geahndet werden, sagen die Politiker.

Das Beben vom Juli 1976

Changs Ehefrau glaubt nicht so recht, was sie hier alles sieht und hört: „Hätten sie damals über uns auch so berichtet, hätte es hier nicht so viele Tote gegeben", sagt sie. Denn Familie Chang lebt in jener Stadt, in der sich das vermutlich größte Beben der Neuzeit ereignet hat: in Tangshan.

Am 28. Juli 1976 wurde die etwa 180 Kilometer östlich von Peking gelegene Stadt völlig zerstört. Die Überlebenden wussten nicht, was sie da gerade überstanden hatten: ein Erdbeben oder einen Atomangriff? Erst Jahre später wurde die offizielle Opferbilanz bekannt gegeben: rund 240 000 Menschen starben in Tangshan, heißt es. Diese Zahl wird von einigen bis heute angezweifelt. Manche sprechen von 700 000 Toten. In dieser Höhe lagen jedenfalls die ersten Schätzungen unmittelbar nach dem Beben.

Wie viele Menschen bei dem schweren Beben in Sichuan gestorben sind, weiß man auch fast einen Monat danach noch immer nicht. Wahrscheinlich wird man nie alle Toten bergen können.

Zehntausende sind es auch hier. Aber wie China im Jahr 2008 mit dieser Katastrophe umgeht, zeigt, wie sehr sich das Land in den rund 30 Jahren gewandelt hat.

Der Hilfseinsatz für Tangshan sei das letzte Dekret gewesen, das Mao Tsedong unterschrieben hat, erzählt Herr Chang. Wenige Monate vor dem Erdbeben vom 28. Juli war Ministerpräsident Zhou Enlai gestorben, Mao Tsedong starb im darauf folgenden September und war damals schon schwer krank. Das Land lag in den Endzügen der Kulturrevolution.

Herr Chang ist damals, 1976, Fotograf im Kulturpalast. Es ist die einzige Anlage, die das Beben übersteht. Auf dem Universitätsgelände stehen bis heute die Ruinen der damals gerade erst fertig gestellten Bibliothek. Über das Mahnmal ist Gras gewachsen, aus dem Rest des Daches sprießt ein Busch, im Gemäuer haben sich Spinnweben gebildet.

Ganz so wie die Ruine heute dasteht, hat Herr Chang sie damals abgelichtet. Unter großer Gefahr. Eigentlich durfte damals nur die Armee selbst dokumentieren, wie Tangshan aussah. Die Fotos von Herrn Chang zeigen eine völlig dem Erdboden gleichgemachte Stadt, bitterste Armut und die Hoffnungslosigkeit der Überlebenden. Anderen, die Fotos gemacht haben, wurden die Filme von der Armee aus den Kameras gerissen, erzählt der Fotograf, der mittlerweile 74 Jahre alt ist. Zehn Jahre hat es gedauert, bis seine Fotos erstmals öffentlich gezeigt werden konnten.

Auf einem seiner Fotos ist zu sehen, wie in den Ruinen operiert wurde: Einige Schwestern leuchten mit Taschenlampen in Richtung der Wunde. Es gibt keinen Strom und auch kein Wasser. Ein anderes Foto zeigt Überlebende in einem Behelfszelt. Ein Foto von Mao Tsedong haben sie gerettet und an der Spitze des Zeltes befestigt. Ein anderes Foto zeigt den Hilfseinsatz der Armee: Die Soldaten haben nur Schaufeln und Spitzhacken zur Verfügung. „Viele haben mit bloßen Händen gegraben, manchen sind die Fingernägel nie mehr nachgewachsen", erzählt Herr Chang. „16 000 Menschen hat man so gerettet. Die Toten haben wir nicht gezählt." Erst nach drei Tagen sei die Volksbefreiungsarmee mit genügend Mann hier gewesen. Einen Tag nach dem Beben war nur die Vorhut da. Dass China damals, am Ende der Kulturrevolution, völlig anders ausgestattet war als heute, ist aber nicht, was Herr Chang als größten Unterschied ausmacht. Was ihn staunen lässt, ist die Berichterstattung. Denn damals, so sagt er, hat es ewig gedauert, bis man erfahren hat, was in Tangshan wirklich geschehen war.

Fernsehberichterstattung heute

Er ist nicht der Einzige, der sich darüber wundert. Drei Tage nach dem Beben vom 12. Mai 2008 stehe ich in einer der zerstörten Städte vor einer Live-Kamera. Innerhalb so kurzer Zeit in einem so großen Land sendebereit zu sein, wäre in jedem anderen Land eine Leistung, in China aber ist es geradezu ein Wunder.

Meiner Produktionsfirma gelingt es, einen Satellitenwagen nicht nur von Peking ins Erdbebengebiet zu bringen, sondern der Wagen fährt in eine völlig zerstörte Stadt und sendet in unmittelbarer Nachbarschaft eines Armeecamps.

Um zu verstehen, welche Revolution in der Informationspolitik das darstellt, muss man verstehen, was eigentlich

immer noch nötig ist, um aus China etwas überspielen zu
können: In Peking überspielen wir immer von CCTV aus.
Das staatliche Fernsehen ist die zentrale Stelle, von der jede
Leitung ins Ausland geht. Theoretisch ist das auch die Stelle, die jede Leitung kappen kann, was aber nicht geschieht.
Wenn ich beispielsweise von Shanghai TV etwas überspielen will, kann es immer noch geschehen, dass Shanghai TV
vor der Zusage die Erlaubnis des Außenministeriums ab-
warten muss. Das ist zwar zumeist Formsache, aber es ist
immer noch üblich, Faxe hin und her zu schicken, um eine
Leitung bestellen und nützen zu dürfen.

Das ist die chinesische Realität. Und in dieser Realität
steht eine Gruppe von Ausländern inmitten von Ruinen
und geht direkt über Satellit nach Europa.

Wir können uns in dieser Stadt auch so gut wie völlig frei bewegen. Einmal, auf dem Weg zur eingestürzten
Schule, werden wir gestoppt. Am nächsten Tag können wir
passieren. Was mittlerweile aus dem Sicherheitsrisiko von
gestern geworden ist, weiß ich nicht. Wir sind nicht die
einzigen ausländischen Journalisten, die sich so nahe an
die Ruinen heranwagen können. Wären wir leichtsinnig
genug, um in die Ruinen zu gehen, würde uns niemand
daran hindern. Die Helfer haben Wichtigeres zu tun. Der
Hauptplatz ist eine Klinik, eine Wasserausgabestelle, ein
Flüchtlingscamp. Selbst Telefone hat man für die Obdach-
losen hier aufgestellt. Aber es scheint zu wenig schweres
Gerät zu geben.

Ich sehe Helfer, die sich ungesichert, nur mit einer Hand
auf dem Seil, mehrere Stockwerke in die Höhe ziehen lassen, um dort an Fenster zu klopfen und Überlebende zu
finden. Ich sehe Kollegen, die inmitten der Bergungsar-
beiten auf einem eingestürzten Haus ihren „Aufsager" in
die Kamera drehen. In Hanwang herrscht nicht nur der

Ausnahmezustand, es herrscht Pressefreiheit. Dieses tragische Ereignis befreit die Berichterstattung.

Wann immer ich aus Wien gefragt werde, ob man denn hier wirklich frei berichten kann, bin ich versucht zu sagen, dass ein Katastrophengebiet in Österreich oder sonst wo in Europa wohl anders gesichert wäre. Ich bin nicht nur erstaunt darüber, dass und wie wir berichten können, ich bin ehrlich darüber erstaunt, dass man uns von hier berichten lässt, denn einige Straßenzüge sind lebensgefährlich.

In nächster Nähe – manchmal fast zu nahe

Hanwang liegt Dutzende Kilometer vom Epizentrum des Bebens entfernt. Und dennoch ist hier so gut wie alles zerstört. Was nicht eingestürzt ist, wurde unbewohnbar. In den Wochen nach dem Beben sind Nachbeben an der Tagesordnung. Einmal bricht in unserer unmittelbaren Nähe ein bereits schwer beschädigtes Haus völlig in sich zusammen. Wie alle anderen wissen auch wir im ersten Augenblick nicht, woher das Grollen kommt, und wir wissen auch nicht, wohin wir uns in Sicherheit bringen sollen. Das Beben ist überall. Ich sehe mich um und dabei wird mir klar, dass meine instinktive Suche nach Unterschlupf bei einem Beben das völlig Falsche ist. Ich gebe keinen Laut von mir, wie die anderen Menschen um mich. Ich habe keine Ahnung, was ich tun soll. Ich weiß nicht, wohin ich gehen soll. Ich bleibe stehen. Die zwei Sekunden der Planlosigkeit scheinen unendlich und ausweglos. Es ist mein Tonassistent, der mich schließlich in die Mitte der Straße zerrt und festhält. Auf der rechten Seite der Straße ist alles einsturzgefährdet und auf der linken ebenfalls. Ich glaube nicht, dass wir hier überleben, wenn die Häuser auf beiden Seiten der Straße endgültig einbrechen.

Wir fühlen uns oft schwindelig in den Tagen in Hanwang. Es gibt Tausende Nachbeben, aber dort, in dieser Straße, weiß ich nicht, ob der Schwindel nicht etwas mit dem Schlafmangel, der Übelkeit und dem Brechreiz zu tun hat, den ich gerade empfinde. Als das Haus in sich zusammenstürzt, kämpfe ich gerade dagegen an, mich übergeben zu müssen.

Der Leichengeruch in dieser Straße ist unerträglich. Es ist heiß und schwül. Ein ganzer Wohnblock zu meiner Linken ist halb in sich zusammengestürzt, die Helfer haben es noch nicht bis hierher geschafft. Hinter einem Torbogen sieht man nur Schutt, die noch stehenden Häuser lehnen aneinander, von allen fünf Stockwerken sind die angebauten Badezimmer weggebrochen, als wären sie einfach abgestreift worden. Das Treppenhaus fehlt. Wir starren in die Überreste von Bädern, manchmal sieht man ganze Zimmer: Betten mit Decken darauf, Tische, an denen jemand gerade etwas tun wollte, gespenstische, riesige Puppenhäuser, über die sich Staub gelegt hat.

Vor vielen Ruinen, in vielen noch stehenden Treppenhäusern, über die Menschen hastig geflüchtet sind, baumelt noch Wäsche. Auf Schritt und Tritt findet man Gegenstände, die jemandem gehören: da ein Schulheft, dort ein Buch. Ein hölzerner Buddha hat das Beben fast völlig unbeschadet überstanden und lächelt mich aus den Trümmern an. In der Mitte einer anderen Straße liegt eine Puppe. Aber was sich unter dem orange-geblümten, verstaubten Betttuch verbirgt, das so seltsam glatt gezogen hier liegt, erkennen wir erst auf den zweiten Blick. Wir wollen es nicht erkennen. „Ist es das, was ich denke, das es ist?", frage ich meinen Kameramann leise. „So ist es", nickt er. Gerade noch, vor wenigen Minuten, bevor wir uns dem Buch und dem Buddha genähert haben, war es nicht da. War er nicht da. War sie nicht da. Wo dieser Mensch wohl gelebt hat? Und wo ist er gestorben? Und wer hat die Leiche so sorgsam in das geblümte Betttuch gehüllt und hierher gelegt? Warum haben wir ihn oder sie nicht gesehen?

In Hanwang, und nicht nur hier, werden die Leichen auf die Straße gelegt. Der LKW, der gerade in einer anderen Straße parkt, wird auch hier vorbeifahren. Noch aber muss er dort stehen bleiben. Drei Bahren liegen vor dem LKW. Und drei Kränze. Für drei weitere Tote. Das Schluchzen der Angehörigen ist leise. Zwei Frauen versuchen einander zu trösten. Man kann nicht ausmachen, welche der beiden die andere festhält. Sie scheinen einander auch nicht wirklich festzuhalten oder zu umarmen, sie wirken, als hingen sie kraftlos aneinander.

Neue Hoffnung

Und dennoch bleiben die Menschen von Hanwang stoisch. Weiter unten sortieren die Besitzer eines Handarbeitsgeschäftes jene Wollknäuel, Stoffe, Reißverschlüsse und Knöpfe aus, die man noch irgendwie verkaufen kann. Die meisten anderen Geschäfte sind geplündert. Die Überlebenden von Hanwang campieren im Park im Stadtzentrum, inmitten von Ruinen und Müll, bis der Platz geräumt wird und die Menschen in bessere Camps gebracht werden.

Selbst in Chengdu, der Hauptstadt der Provinz Sichuan, die nicht so schwer getroffen wurde, schlafen die Menschen nach dem Beben auf der Straße. Für die Überlebenden des Bebens werden nach und nach Behelfshäuser gebaut.

Die Menschen in Tangshan mussten diese selbst bauen. Die Fotos von Herrn Chang zeigen auch, wie man nach dem Beben gelebt hat: Aus brauchbaren Steinen wurden Verschläge errichtet. „Zehn Jahre lang haben wir so gelebt", sagt er. Gegenseitig getröstet habe man sich damals. Ausländische Hilfe, die heute nach Sichuan strömt, sei undenkbar gewesen. Man hätte das als Armutszeugnis verstanden, und zwar nicht nur die Politiker, sondern auch die Massen.

Wenn er heute auf CCTV sieht, wie der Regierungschef und der Präsident Kinder auf dem Arm tragen, Kranke trösten und Flüchtlinge besuchen, wird ihm klar, wie weit das Land gekommen ist. „Wir haben uns geöffnet. Wir haben uns nicht nur politisch geöffnet, sondern auch im Kopf", sagt der 74 Jahre alte Fotograf. „Heute wollen wir, dass die Ausländer unsere Freunde sind." Herr Chang hat keine zweite Katastrophe benötigt, um das zu wissen. Aber diese Katastrophe hat es ihm wieder einmal verdeutlicht. „Wissen Sie", sagt er „die Jungen verstehen gar nicht, was Reform- und Öffnungspolitik wirklich bedeuten. Sie haben keine Ahnung. Man muss erlebt haben, was wir erlebt haben, um zu wissen, wie viel sich in China verändert hat."

Verdammt und umgesiedelt

Xiong Weiqing ist ein glücklicher Mann. Der pensionierte Soldat geht – wie könnte es anders sein – mutigen und festen Schrittes durch seine neue Wohnanlage. Er sieht tatsächlich so aus, als hätte er gerade ein neues Reich erobert. Selbst in legerem Hemd und Freizeithose wirkt er wie in Uniform. Neben ihm fahren kreischende Kinder auf Rollerblades um den Springbrunnen und nehmen die fehlende Fliese davor als besondere Herausforderung. Die neue Anlage wurde ganz offensichtlich schnell gebaut. An dem einen oder anderen Fensterbrett lehnen die anderen Bewohner, wie in so vielen Ländern, als wäre dieser Ausblick spannender als das laufende TV-Programm. Es ist Essenszeit und aus den geöffneten Fenstern zieht der Duft von gebratenem Gemüse.

Herr Xiong lebt im dritten Stock des Wohnblocks. Das Gemüse kann seine Frau dort selbst ernten, denn einer der zwei Balkons bietet Platz für ein kleines Beet. Selbst einen Goldfischteich gibt es. Zum ersten Mal in seinem Leben, so erzählt Herr Xiong, könne er mit seiner Frau allein auf 130 Quadratmetern leben. Und seine beiden Kinder hätten ebenso große Wohnungen erhalten. Die Wohnung von Herrn Xiong ist tatsächlich schmuck, wenn auch etwas karg eingerichtet. Im riesigen Wohnzimmer mit Fliesenboden trennt nur eine Bücherwand, die mit Militärdevotionalien und Keramikhunden gefüllt ist, den Essbereich von einem Sofa samt Couchtisch und Fernseher. Die Klimaanlage wurde in Spitzendeckchen verpackt.

Die Aussicht aus diesem Wohnzimmer ist eine beson-

dere: Vom zweiten Balkon aus kann Herr Xiong nämlich
die Überreste jener Stadt sehen, in der er aufgewachsen ist:
Hanfeng. Bagger sind gerade damit beschäftigt, sie völlig
zu planieren. Denn die Stadt liegt an einem Nebenfluss des
Langen Flusses und wird bald im Yangtse-Stausee untergehen.

Unter Wasser gesetzt

Tagtäglich kann Herr Xiong dabei zusehen, wie Hanfeng
abgetragen wird. Wehmut verspüre er nicht, sagt er. Er
lebe heute in der neuen Stadt viel besser, als er dort gelebt
habe.

Wir besuchen die Stadt im Mai 2008, im Oktober – so
der Plan – wird dort, wo einst Hanfeng stand, ein künst-
licher See sein. Denn dann soll der gestaute Yangtse-Fluss
seine Maximalhöhe von 175 Metern über dem Meeres-
spiegel erhalten. Und bis dahin müssen alle weg sein aus
Hanfeng.

Allerdings sind nicht alle so glücklich darüber wie der
Vorzeigeumsiedler. Einige Rebellen wollen bis zuletzt bleiben. Im Dezember 2007 griff man daher zu drastischen
Maßnahmen, um die restlichen 30 000 aus der Stadt zu
bringen. Wenn man den Bewohnern Strom und Wasser
abdreht, so das Kalkül, würden sie wohl freiwillig aufgeben. Die meisten taten das. Aber nicht alle.

Den alten Teil der Stadt will man uns Ausländern eigentlich gar nicht zeigen. Nur zu einer Plattform werden
wir geführt, und zwar zu jener von insgesamt zweien,
von der aus man wirklich nur mehr den Blick auf eine
geschleifte Stadt hat. „Dort lebt keiner mehr", sagt man
uns. Außerdem sollen wir nicht unsere Sicherheit gefähr-

den, indem wir auf die Baustelle gehen. Dort, so erzählen uns die Stadtplaner, dürfen sich nämlich nur noch Arbeiter bewegen. Als wir im Schutt dort unten aber das dritte Kleinkind und die zweite ältere Frau entdecken, hält uns nichts mehr zurück. Und wir überzeugen uns mit eigenen Augen davon, dass dort unten sehr wohl noch jemand wohnt.

Im Mai 2008 sieht Hanfeng aus, als läge es mitten in einem Erdbebengebiet. Es steht nur noch eine Hand voll Häuser, im umliegenden Schutt graben Bagger. An der Peripherie verkaufen Händler, was von den Umsiedlern zurückgelassen wurde. Der eine oder andere ehemalige Bewohner zieht planlos durch die zwei verbliebenen Straßen in der Längs- und Querachse eines Trümmerhaufens, der vor kurzem noch eine Stadt war, auf der Suche nach etwas, das hier nicht mehr zu finden ist.

Vor einer Ruine kochen die Arbeiter ihr Mittagessen, aber ums Eck harrt eine Frau aus, als könne sie nichts erschüttern. Frau Zhong hat nicht vor, ihr Geschäft hier aufzugeben. Von dem Haus, in dem es sich befindet, steht zwar kaum noch etwas und Kühlvitrine hat sie auch keine mehr, aber sie betreibt hier, mitten in Schutt und Staub, unbeirrt ihre Gemischtwarenhandlung. Zu ihren Kundinnen an jenem Tag zählt nicht nur eine Frau mittleren Alters, sondern auch eine andere, die ihren Säugling in den Armen trägt. Ein paar Dutzend Leute, so erzählt man uns, leben noch hier. Denn mit der Kompensation sei man nicht zufrieden. Dass uns ein Kameramann des lokalen Fernsehens begleitet, der eigentlich den Besuch der Ausländer hier drehen sollte, bekommt den Rebellen von Hanfeng gar nicht. In Ermangelung anderer Beamter wird er von Frau Zhong und einer Kundin stellvertretend beschimpft. Man ist wütend auf die Beamten, und man zeigt es auch. Ein korrupter Haufen sei das, sagen die Rebellen, und es fehlt nicht viel zu einem tätlichen Angriff.

Frau Zhong will von hier nicht weg, weil ihr Geschäft in Hanfeng im Zentrum liegt, wie sie sagt. In der neuen Stadt dort oben biete man ihr jedoch nur ein Lokal an der Peripherie, dort, wo nie jemand zum Einkaufen hinkommen würde. Das sei nicht fair. Und solange sie kein besseres Angebot erhalte, bleibe sie eben hier.

Anderen Bewohnern sind die neuen Häuser einfach zu wenig solide gebaut. Da gibt es keine Erdbebensicherheit, meinen sie. Wenn man sich allerdings ansieht, wie leicht die Häuser von Hanfeng in sich zusammengebrochen sind, darf man daran zweifeln, dass es in der Altstadt so viel besser war.

Herrn Xiongs schmucke, große Wohnung hat tatsächlich dünne Wände und das Treppenhaus wirkt auch nicht sehr stabil. Von seinem Gartenbalkon aus kann man sehen, dass das Vordach nach nur zwei Jahren schon rostig ist. Der Balkon wurde schnell verfliest, die eine oder andere Kachel löst sich bereits. Dabei hat Herr Xiong sicher eine der schönsten Wohnungen hier.

Ein umstrittenes Riesenprojekt

Eine runde Million Menschen sollte dem Stauprojekt ursprünglich Platz machen, mittlerweile sind es laut einem Bericht der staatlichen Nachrichtenagentur vier Millionen. Aber das ist nicht das Einzige, was Sorge bereitet. Herr Xiong wird nämlich nur die Hälfte des Jahres auf Wasser blicken. Experten sind mehr und mehr darüber besorgt, was mit den gefluteten Gebieten geschehen wird, wenn sich das Wasser nach der Regenzeit zurückzieht und hier nur Schlamm zurückbleibt. Vor einem giftigen Morast warnen sie, in dem sich Ungeziefer und Bakterien ungehindert vermehren können. Was also tun? Chemikalien zu sprühen wurde verworfen, denn diese würden mit dem Wasser nur flussabwärts gespült werden. Hanfeng wird wahrscheinlich einen eigenen Damm bekommen.

Würde man die Dreischluchtenanlage am Yangtse heute noch einmal so wie einst bauen?, fragen wir einen der Betreiber, Herrn Ding. Aber er weicht nur lächelnd aus. „Natürlich ist das der Stand der Neunzigerjahre", erklärt er, hoch oben auf der Staumauer, die tatsächlich beeindruckend wirkt.

Viele Probleme, die dieser Bau aufwirft, hat man jedoch erst im Nachhinein erkannt. Von Anfang an war allerdings bekannt, dass dieser Bau ein Paradoxon ist. Einerseits hat man die riesige Staumauer gebaut, um Elektrizität zu produzieren, andererseits um Hochwasser zu vermeiden. Aber diese beiden Aufgaben stehen in direktem Widerspruch zueinander.

Und die Kapazität der 26 Turbinen ist schon jetzt reduziert, denn es werden mehr und mehr Sedimente angespült. „In 80 Jahren wird sich das ausgleichen", sagt Herr Ding. Wie genau das vor sich gehen soll, kann er uns allerdings nicht erklären. Möglicherweise liegt dieser natürliche Ausgleich darin, dass man am Oberlauf mehr und mehr Kraftwerke bauen will, nicht nur um den wachsenden Energiehunger Chinas zu befriedigen, sondern auch zum Schutz vor diesen Ablagerungen. Neue Staumauern sollen also die größte Staumauer schützen, und auch das ist nicht unumstritten.

Das Ende der „Tigersprung-Schlucht"?

Im Norden der Provinz Yunnan, am Oberlauf des Langen Flusses, der dort Jinsha heißt, liegt die malerische Stadt Lijiang. Nach einem Erdbeben wurde sie originalgetreu wieder aufgebaut. Lijiang ist Teil des UNESCO-Weltkulturerbes. Anders als in anderen chinesischen Städten ist hier kein Hochhaus zu sehen. In den engen Gassen der Altstadt reiht sich ein traditioneller Holzbau an den nächsten. Die meisten beherbergen kleine Hotels, Souvenirläden und Restaurants. Denn Lijiang ist ein Fremdenverkehrsort. Eine für chinesische Verhältnisse relativ kurze Autofahrt entfernt liegt nämlich die angeblich höchste Schlucht der Welt. Auf 4000 Metern Höhe hat sich rund um eine enge Schlucht, in der mitten im Fluss ein runder Felsen liegt, eine Legende gebildet, die Touristenmassen anzieht. Ein Tiger habe hier wegen dieses Felsens über die enge Schlucht springen können, heißt es. Die „Tigersprung-Schlucht" ist ein gut ausgebautes Ausflugsziel. Aber wenn es nach den Plänen der Provinzverantwortlichen geht, soll man von der Aussichtsterrasse schon bald einen schönen Blick auf eine neue Staumauer haben.

Keiner der Arbeiter hier weiß so recht, wo genau sie gebaut werden soll. Ist es dort, wo jetzt schon Geröll bewegt wird, oder doch weiter oben? Im Hotel fragen uns die Bediensteten nach dem letzten Stand. „Uns sagt man hier nämlich nichts", sagt eine junge Frau. „Ihr könnt wenigstens darüber berichten."

Am Fall von Lijiang und der „Tigersprung-Schlucht" zeigt sich, wie sehr Provinzkaiser und die Zentrale oft unterschiedliche Pläne verfolgen. Mehrere Kraftwerksprojekte wurden vom Staatsrat in Peking, also von der Regierung, bereits gestoppt und bei der „Tigersprung-Schlucht" wird ein Projekt betrieben, das noch gar nicht abgesegnet ist. Eigentlich sollte auch die Bevölkerung um ihre Meinung gefragt werden, nur: in welcher Form, das weiß keiner der Betroffenen. Denn auch in der Umgebung von Lijiang müssten Menschen abgesiedelt werden, wenn die Staumauer gebaut wird. So zum Beispiel in dem kleinen Dorf Shigu, das direkt an der ersten großen Biegung liegt, die der Lange Fluss an seinem Oberlauf macht.

Freie Meinungsäußerung unerwünscht

Herr Y. ist einer der Bauern, die das nicht kalt lässt. Er hat zwar nur ein paar Stück Vieh und etwas Land, aber dieses Dorf ist sein Lebensmittelpunkt. Die Orchideen, die er mit Hingabe in seinem Hof züchtet, verkaufen sich gut. „Ich bin 44 Jahre alt, vielleicht habe ich noch 30 vor mir. Natürlich beunruhigt mich der Gedanke, dass ich gehen müsste", erzählt er uns unter dem wachsamen Auge eines Vertreters des Ausländeramtes von Yunnan. An keinem Punkt des Gespräches übt der Bauer auch nur leiseste Kritik an seinem Staat, seinen Organen oder der Partei. „Man wird mir schon ein Haus geben", sagt er, „die Erdbebenopfer bekommen schließlich auch ein neues Zuhause." Unserem Begleiter vom Ausländeramt ist aber auch das suspekt. Entgegen den Regelungen für ausländische Journalisten, die besagen, dass wir interviewen können, wen wir wollen, und uns im Land frei bewegen dürfen, übt er Druck auf unseren Interviewpartner aus. Bereits im Vorfeld sagt er ihm, dass nicht über „sensible Dinge" gesprochen werden dürfe. Im Nachhinein interessiert ihn, wie er denn mit uns in Kontakt gekommen sei. „Das geht Sie nichts an", sage ich zu ihm. „Das geht mich sehr wohl etwas an", antwortet er. Tatsächlich geht ihn das tatsächlich nichts an, auch wenn er gerne hätte, dass es ihn etwas anginge. Mit diesem kurzen Wortgefecht ist es allerdings nicht getan.

Am nächsten Tag erfahren wir, dass unser Interviewpartner von der Polizei zur Einvernahme abgeholt wurde. Der wachsame Begleiter vom Ausländeramt Yunnan behauptet, damit nichts zu tun zu haben. Gleichzeitig erklärt er mir, dass hier, im Norden von Yunnan, wo Tibet so nahe liegt, eben sehr auf die Sicherheit des Staates geachtet werden müsse.

Es gibt in China viele Themen, vor denen man übertriebene Angst hat. Dass nicht jede Mitbestimmung gleich in eine Revolte umschlägt und die Äußerung von persönlicher Meinung nicht unbedingt einen Umsturz ankündigt, haben viele offensichtlich noch nicht verstanden. Unser junger, smarter Begleiter vom Ausländeramt ist einer davon. In perfektem Englisch argumentiert er, was nicht zu argumentieren ist. Ich werde nie vergessen, wie er mir erklärte, dass man in China erst dann wirklich ein Problem habe, wenn man in Handschellen zur Polizei gebracht werde. „Nach welchem Gesetz wurde Herr Y. abgeholt? Welches Verbrechen hat er begangen?", frage ich ihn immer wieder. „Bei uns werden Menschen nämlich nur dann abgeführt, wenn der Verdacht besteht, dass sie ein Verbrechen begangen haben."

„Aber das hier ist China", antwortet er.

Wir können nur hoffen, dass Herr Y. von der Polizei in Ruhe gelassen wird. Und vielleicht bleibt sogar sein Dorf bestehen …

Wenn er gehen muss, kann er ohnehin nichts daran ändern. Die Menschen von Hanfeng konnten es auch nicht. Auf den Stufen vor der Ruinenstadt harrt ein Wahrsager bis zuletzt aus. Ganz so, als würden alle Menschen, die von hier wegziehen müssen, ihn noch kurz konsultieren. Wie es denn wohl um das Schicksal der neuen Stadt stehe, wollen wir von ihm wissen.

„Das wird wechselhaft", antwortet er.

Die roten Linien

An einem Punkt schien es, als hätte der Kollege der BBC dem Zensor sogar selbst das Signal gegeben: „Das sind die Bilder, von denen die chinesische Führung nicht will, dass das Volk sie sieht", begann sein Bericht. Und tatsächlich wurde der Bildschirm genau nach diesem Satz wieder einmal schwarz. Selten hat es der Mensch am chinesischen Regler so exakt geschafft. Aber er hatte in diesen Tagen auch viel Übung.

Zensur im Reich der Mitte

Im März 2008 gibt es schwere Ausschreitungen in Tibet. Die ganze Welt berichtet darüber. Aber wer in China nur die offiziellen Medien konsumiert, muss glauben, in einem Paralleluniversum zu leben. Von den Unruhen in Tibet nichts mitzubekommen, ist im März 2008 alles andere als schwierig. Auch wenn es mittlerweile Dutzende Fernsehkanäle im Land gibt, folgt die Propagandamaschinerie immer noch der alten Schule: Erst werden heikle Nachrichten negiert, dann werden sie, wenn überhaupt, zur Randnotiz. Was in den chinesischen Sendern vorkommen darf, ist genau festgelegt. Erst als Peking erkennt, dass die Bilder von geplünderten Geschäften in Lhasa der Untermauerung der eigenen These von einem wilden Mob unter Anführung einer so genannten „Dalai-Clique" mehr nützen als schaden, wird groß berichtet. Wie man dabei mit der Tatsache umgeht, dass mittlerweile auch ausländische

Kanäle empfangen werden können, wurde während dieser Krise besser gezeigt als je zuvor.

Als Kabelkundin in Peking weiß ich, dass der Bildschirm immer dann schwarz wird, wenn entweder Tibet oder der Tiananmen-Platz erwähnt werden. Aber bei der Tibet-Krise war der Bildschirm so oft schwarz, dass man nicht genau wissen konnte, ob die BBC in China überhaupt noch zu empfangen war. Dennoch vor dem Schirm auszuharren, bot aber einiges an Erkenntnis: Man wurde sozusagen live Zeuge der jeweils geltenden Regeln. Wurde zu Beginn der Krise noch jeder Beitrag vom Anfang bis zum Ende zensuriert, ging der Zensor später selektiv vor. Einiges konnte man sehen, anderes wiederum nicht. Als ich auf der BBC den Dalai Lama sprechen hören konnte, glaubte ich fast an ein Wunder. Aber dann kam der Bericht, der mit den oben zitierten Worten begann: Er handelte von der Entzündung des Olympischen Feuers in Olympia. Dass es dabei zu Protesten gekommen war, durfte das chinesische Fernsehpublikum nicht wissen. Auf chinesischen Sendern lief an demselben Abend ein feierlicher Bericht mit zahlreichen Originaltönen von erfreuten Pekingern. Und die englische Tageszeitung „China Daily" titelte am nächsten Tag: „Ein perfekter Start auf dem Weg zu Gold." Dabei war dieser Start gleich dreifach verpatzt: Ein Demonstrant störte die Rede, zwei weitere den Beginn des Fackellaufs.

Dass Regierende immer und überall auf der Welt am liebsten im besten Licht dargestellt werden, ist wohl bekannt und durchaus verständlich. Wer will schon in schlechtem Licht dargestellt werden, egal ob berühmt oder nicht? Aber in China lebt man im Widerspruch zwischen einer immer moderneren Medienwelt und den ältesten Mechanismen der Informationslenkung. Bei einer harmlosen Buchpräsentation wurden wir Zeugen dessen, was das für einen einheimischen Reporter bedeuten kann. Bei einem Anruf fragte diesen sein Vorgesetzter, ob er wohl die heutige „Volkszeitung" gelesen habe. Der Bericht über das Buch solle bitte genauso aussehen wie jener in der „Volkszeitung". Die „Volkszeitung" ist das Sprachrohr der Führung. Wenn dort in einem Kommentar steht, dass man auf irgendein Thema mehr achten müsse, dann ist das die Regierungslinie. Und was die staatliche Nachrichtenagentur Xinhua schreibt, ist es ebenfalls. Insofern ist in China sehr leicht zu ergründen, was die Führung gerade will oder nicht: Es steht in der Xinhua. Was dort nicht steht, hat nicht zu existieren.

Dass die Mitarbeiter der staatlichen Medien das auch nicht öffentlich hinterfragen, versteht sich von selbst. Ich habe jedes Verständnis für Kolleginnen und Kollegen, die unter einem enormen politischen Druck arbeiten müssen. Jeder Journalist kennt Interventionen. Sie sind unangenehm, oft persönlich untergriffig und eine gewaltige Erschwernis und Zeitverschwendung im Beruf. Das Schlimmste, das einem westlichen Journalisten passieren kann, ist es aber, irgendwo oder bei irgendjemandem „in Ungnade" zu fallen, was ihn meist nicht weiter stören dürfte, weil er sich im besten Fall nie um die „Gnade" von jemandem bemüht hat. In China aber riskiert man seinen Job, wenn man nicht tut, was angesagt ist. Und das selbst wegen Harmlosigkeiten, über die man mit ein wenig Gelassenheit eigentlich hinwegblicken könnte. Ein Fotograf, der beim Volkskongress einen über seiner Zeitung eingenickten Abgeordneten abgelichtet hat, konnte sich nach einer neuen Beschäftigung umsehen. So banal beginnt die Zensur. Dennoch aber ist die Grenze zwischen Propaganda im herkömmlichen Sinn und ihrer moderneren Variante des „Spin-doctoring" recht fließend, wie nicht zuletzt auch der Tibet-Aufstand bewiesen hat.

Die chinesische Führung hat dabei einen großen PR-Fehler gemacht: Sie hat das Gebiet für ausländische Journalisten abgeriegelt, was jeden Verdacht natürlich nährte. Sie hat aber ziemlich bald erkannt, dass sie mit den Aufnahmen, die es aus Lhasa gab, viel besser agieren konnte als mit einer totalen Informationssperre. Und weil diese Aufnahmen dem Westen noch immer nicht genug waren, ging man schließlich noch einen Schritt weiter und ließ ausländische Journalisten nach Lhasa. Die Journalisten waren natürlich handverlesen und nach welchen Kriterien sie ausgewählt wurden, ist unklar – was keine Kritik an den Kolleginnen und Kollegen sein soll, sondern eine Hinterfragung der chinesischen Selektionsmechanismen. Die Journalisten sollten dort nur zu sehen bekommen, was man ihnen zeigen wollte. Doch die PR-Offensive ging nach hinten los: Alle anwesenden Journalisten berichteten schließlich nur noch darüber, wie ein paar Mönche die Führung „gestört" hätten. Etwa 30 Mönche kamen auf die Journalisten zu und sprachen in deren Kameras und Mikrofone, dass hier alles Lüge sei. Die Aussagen gingen um die Welt – und in der chinesischen Medienrealität kommt das einem Wunder gleich. Weniger verwunderlich wäre gewesen, wenn man den Journalisten die Bänder abgenommen hätte.

Trotz aller Restriktionen öffnet sich China und diesen Fortschritt hat die Vorbereitung auf die Olympischen Spiele gebracht. Chinesische Funktionäre und Politiker müssen sich erst daran gewöhnen, dass bei Pressekonferenzen auch Fragen gestellt werden und nicht nur Ko-Referate gehalten werden, in denen die Arbeit der Führung gelobt wird. Fragen zu stellen, ist möglich. Um die Antworten freilich winden sich Politiker und Funktionäre hier nicht weniger gekonnt herum als ihre Kollegen im Westen.

China ist dabei zu verstehen, dass mit einer größeren Aufmerksamkeit, die man sich selbst im Westen geben will, auch Nebenwirkungen verbunden sind. Mit anderen Worten: Man kann nicht erwarten, dass über Fortschritte groß berichtet wird, während Rückschritte nicht kritisiert werden. China lernt, wie es ist, in der Öffentlichkeit zu stehen. Nur wie man damit wirklich umgeht, scheint man noch nicht ganz klar definiert zu haben.

Die Kontrolle der neuen Medien

China ist der zweitgrößte Internet-Markt der Welt und dürfte die USA bald überholt haben. Anfang 2008 gab es 210 Millionen Internet-User in China. Sie sind vornehmlich jung und sie nützen das Internet – anders als man es im Westen glauben mag – nicht um Informationen zu erhalten, sondern um zu spielen und Raubkopien aus dem Netz zu holen. Dass es unter dieser Fülle von Usern natürlich genügend solcher gibt, die sich sehr wohl alternative Informationen aus dem Netz holen, ist klar. Nicht ohne Grund steckt China enorme Ressourcen in die Überwachung des Internet und die Sperre von Seiten. Auf chinesischen Sites sind oft animierte Cartoon-Polizisten zu sehen, die einen darauf aufmerksam machen, verdächtigen Inhalt zu melden.

Welche Seiten man gerade öffnen kann, kommt fast einer Lotterie gleich. Zunehmend haben die Zensoren Sites im Visier, auf denen man sich Videos ansehen kann. Ihnen geht es weniger um Raubkopien als um Nachrichten, die man sich zum Beispiel auf Youtube ansehen könnte. Youtube ist immer wieder teilweise oder völlig gesperrt. Umso absurder klang im Zuge der Tibet-Krise der

Aufruf an die chinesischen Internet-User, doch lautstark gegen die Verfremdung der Tibet-Nachrichten im Ausland zu protestieren. Zwei deutsche Fernsehsender hatten statt der chinesischen nepalesische Polizei gezeigt, andere Fotos wurden verfremdet oder falsch untertitelt. Dagegen soll man sich natürlich wehren. Das Problem ist nur: Die meisten chinesischen User hatten ursprünglich nicht die geringste Chance gehabt, die Nachrichten, gegen die sie sich wehren sollten, überhaupt zu sehen. Denn die chinesischen Zensoren sind schnell im Sperren von Sites, wobei sie eher zu viel als zu wenig Vorsicht walten lassen. Wer im Zuge der Tibet-Krise und der westlichen Olympia-Boykottaufrufe zum Beispiel versuchte, auf der chinesischen Google-Entsprechung Baidu oder auf Google selbst nach dem Wort Olympiaboykott zu suchen, landete bei einer netten Warnung: *„Warnung! Da Ihre Eingabe verbotene Schlüsselwörter erhält, ist sie ungültig. Das System hat Ihre Daten gespeichert. Vorsicht! Bitte suchen Sie nicht nach illegalen Begriffen!"*

Olympiaboykott war also plötzlich auch schon „illegal". Was recht verwundert, denn man konnte in denselben Tagen unzählige Artikel lesen, in denen sich offizielle Persönlichkeiten Chinas über die Drohung mit einem Olympiaboykott beschwerten, mit genau jenen vier chinesischen Schriftzeichen, die man gleichzeitig nicht googeln durfte … Es ist aber nicht nur politisch sensibler Inhalt, der den Zensoren ein Dorn im Auge ist. Sex ist ein weiteres Tabu. So hat die berüchtigte Rundfunk- und Filmbehörde 2007 einen Werbespot für einen Büstenhalter verboten. Der Spot schien den Zensoren so aufreizend, dass man in ihm eine „Bedrohung für die Gesellschaft" sah.

Das Sexverbot in chinesischen Medien ist weit reichend. Homosexualität oder Transsexualität sind Tabus und Sex darf nicht nur nicht gezeigt werden, man soll ihn auch nicht hören können. Besonders heftig traf das zu Beginn 2008 die Produzenten des Films „Lost in Beijing". Der Film, der vom Schicksal zweier Wanderarbeiter, von Vergewaltigung und ungewollter Schwangerschaft handelt, lief im Ausland unzensiert. Für den chinesischen Markt mussten die Produzenten sämtliche Sexszenen entfernen, darunter auch die Schlüsselszene des Films: die Vergewaltigung. Der Film lief an, wurde aber wieder aus den Kinos genommen, weil sich genau jene Szenen im Internet gefunden hatten. Man warf den Produzenten vor, diese ins Netz gestellt zu haben, was diese umgehend leugneten. Filmemachern, die so gegen Auflagen verstoßen, drohen Produktionsverbote. Und als Konsequenz aus der Diskussion um „Lost in Beijing" war sogar von einer weiteren Verschärfung die Rede: Chinesische Filme sollen auch im Ausland nur noch in der Fassung gezeigt werden dürfen, die auch im Inland erlaubt ist. Das hieße dann, dass die chinesische Zensur nicht nur im eigenen Land, sondern auch im Ausland zensuriert.

Autoren haben es leichter

Literaten haben ihre Schlupflöcher noch. Yan Lianke ist ein Autor, dessen Werke in China wiederholt verboten worden sind. Sein Buch „Dem Volke dienen" beinhaltete den Zensoren nicht nur zu viel Sex, sondern auch zu viel Mao-Kritik. Dabei ist das Buch wahrscheinlich eher ein launiger Liebesroman als eine echte politische Kritik. Yan Lianke stört dieses Verbot wenig. Er ist ein Widerspruch in sich: Einerseits wurde er in China wiederholt ausgezeichnet, andererseits bringt er immer wieder Werke heraus, die verboten werden. Was er schreiben wolle, das könne er auch schreiben, meint er. Seine Strategie im Umgang damit sei es, für den chinesischen Markt Stellen aus dem Manuskript zu entfernen, die er für den westlichen Markt wieder einfüge. Er nennt das seine Technik und gleichzeitig die Kunst, mit Verlagen umzugehen.

Dass verbotene Bücher anziehend sind, will er gar nicht leugnen. Für einen chinesischen Autor, der wie Yan Lianke den Sprung auf den westlichen Markt schaffen will, kann ein Verbot in China den Verkauf im Ausland nur fördern. Eine zweite Möglichkeit für die Autoren ist es, gleich nur im Ausland zu verlegen. Immer wieder gehen chinesische Autoren nach Hongkong oder Taiwan. Oder sie publizieren nur im Internet, was allerdings bedeutet, dass sie nichts verdienen.

Kritische Schriftsteller, so sagt Liu Suli, der in Peking eine alternative Buchhandlung betreibt, hätten in China einen Lebensraum. Solange man nur Gesellschaftskritik übe, gehe das, bei politischer Kritik hingegen gebe es keinen Spielraum. Liu Suli muss es wissen. Er war nach dem Massaker auf dem Tiananmen-Platz in Haft. Eines seiner Augen tränt immer noch, während des Gespräches muss er immer wieder die Brille abnehmen. Er glaube schon daran, dass die Autoren in China heute besser leben als vor 15, 20 oder 30 Jahren, sagt er. Nur Unabhängigkeit, die gebe es nicht. Was Unabhängigkeit im Westen bedeute, das wisse er, aber in China müsse diese erst definiert werden.

Das Eintreten für Grundrechte

30 Jahre nach Beginn der Reform- und Öffnungspolitik in der Wirtschaft hat die politische Reform Chinas noch nicht einmal begonnen. So hat die Öffnung der Wirtschaft einen gewissen Freiraum ermöglicht, der allerdings immer noch an seine politischen Grenzen stößt. Eine unabhängige Galerie, wie das Pekinger Today Art Museum, das Zhang Zikang betreibt, wäre früher undenkbar gewesen. Sein Museum war das erste Privatmuseum überhaupt, mittlerweile sind ihm andere gefolgt. Denn seit dem Ende der Staatskunst gilt Kultur in China als Wirtschaftszweig. Dass Zhang dennoch jede Ausstellung bei der Kulturpolizei beantragen muss, hat sich aber nicht geändert.

„Wenn es um Politik oder Religion geht", sagt er, „dann kann es Probleme geben, sonst ist das Beantragen einer Ausstellung eher eine Formsache. Wir prüfen uns sozusagen selbst. Wenn wir merken, dass es Probleme geben könnte, dann beantragen wir eine Ausstellung erst gar nicht und lassen es bleiben." Das könnte man auch Selbstzensur nennen.

Es lebt sich offenbar gut mit der Schere im Kopf. Und noch besser scheint es sich zu leben, wenn man sich gewisse Fragen gar nicht stellt. In dem Internetcafé unweit unseres Büros sitzen vornehmlich jugendliche User. Und so gut wie jeder spielt online. Glücksspiele sind in China nämlich verboten. Kaum jemand hat ein Textdokument geöffnet oder sucht nach Nachrichten. „Es macht für mein Leben keinen Unterschied, ob ich jetzt ausländische Sites lesen kann oder nicht", meint ein junger Mann. Man muss erst nachfragen, ob er denn nicht gerne die Möglichkeit hätte, um von ihm zu hören: „Ja, schön wäre es schon." Aber eigentlich hat er Recht, wenn er meint, dass sich die Frage nicht stellt. In diesem Internetcafé kann man nämlich überhaupt nicht auf ausländische Sites zugreifen.

Das Recht auf Meinungsfreiheit ist in China in der Verfassung verankert. Dort steht auch, dass der Volkskongress das höchste Machtorgan des Landes ist. Beides gilt nur auf dem Papier. Aber wenn man mit Chinesen spricht, hat man nur bei ganz wenigen den Eindruck, dass das ihre Hauptsorge wäre. „Ihr im Westen versteht uns ohnehin nicht", hört man immer wieder. Selbst durchaus gebildete Menschen, die die Realität im Ausland kennen, unterstreichen häufig, dass man in China eben einem eigenen Tempo folgen muss. Westliche Kritik an der mangelnden Freiheit in China hat oft den Gegenreflex zur Folge: einen nationalen Schulterschluss und die überwältigende Meinung, dass man sich vom Westen nicht „belehren" lassen will.

Diese Ablehnung gegenüber einer westlichen Bevormundung kann ich durchaus verstehen und nachvollziehen. Denn sehr oft treten „Westler" wie Kolonialherren auf. Schwer nachvollziehen hingegen kann ich die Gleichgültigkeit gegenüber Grundrechten, die in China ganz offensichtlich verletzt werden. Ich frage mich als Mensch, wie es denn einem anderen Menschen wirklich egal sein kann, dass Sites gesperrt sind und Bildschirme schwarz werden. Wie man Radionachrichten ertragen kann, in denen minutenlang Reden der Führung wiedergegeben werden, oder Fernsehnachrichten, in denen ebenso minutenlang Schriften mit demselben Text gezeigt werden. Ich frage mich, ob es jemandem wirklich egal sein kann, wenn die Post ein Paket öffnet, das Bücher enthält, und man danach zur Hauptpost zitiert wird. Empfinde nur ich das als entwürdigend? Kann es jemandem egal sein, dass man einen Film nicht so sehen kann, wie ihn der Regisseur gemacht hat? Dass man ein Buch nicht so lesen kann, wie es geschrieben wurde oder geschrieben werden wollte? Ist es egal, dass man ein Buch überhaupt nicht lesen kann, ganz unabhängig davon, ob man es lesen will oder nicht? Ist es egal, was die „Volkszeitung" schreibt? Hat man ohnehin gelernt, zwischen den Zeilen zu lesen? Glaubt man der Xinhua eigentlich?

Wenn man einen Chinesen lang genug kennt und er einem auch vertraut, wird er es offen sagen: „Wir nehmen die da oben ohnehin nicht ernst und was in den Zeitungen steht, glauben wir nicht." Was meine starke Vermutung nährt, dass es sehr vielen Menschen in China wirklich egal ist, sonst würden sie wohl etwas dagegen unternehmen. Wer in Peking lebt, glaubt – um es überspitzt zu formulieren –, dass man hier das Recht, mit seinem eigenen Neuwagen im Stau zu stehen, als wichtigeres Menschenrecht erachtet als das Recht auf freie Meinungsäußerung und Informationsfreiheit. Sonst würde man in die Durchsetzung des in der Verfassung verankerten Rechts auf freie Meinungsäußerung wohl ebenso viel Energie stecken wie in die Anschaffung eines Neuwagens. Aber wahrscheinlich ist dieser Vergleich sehr unfair. Auch in meinem eigenen Land ist so manchem Menschen das persönliche Fortkommen wichtiger als ein allgemeines Wahlrecht oder das Recht auf freie Meinungsäußerung. Es sind Rechte, die für uns so selbstverständlich sind, dass wir ihren Wert nicht mehr sehen.

Mir fehlen diese Rechte in China, weil ich sie kenne, weil ich sie hatte und weil ich sie hier verloren habe. Aber die Chinesen kennen diese Rechte nicht. Wie will man jemandem eine Freiheit erklären, die er nie hatte? Ich wage zu behaupten, dass viele Chinesen tatsächlich nicht verstehen, worüber sich der Westen eigentlich aufregt, wenn er den Mangel an Grundrechten in China beklagt. Aber auch die Auslandschinesen, die während des Olympischen Fackellaufs zur Unterstützung ihres Landes im Westen auf die Straße gegangen sind, sollten wissen, dass sie dort ein Recht auf eine politische Äußerung in Anspruch nehmen konnten, das sie zu Hause nicht haben. Möglicherweise wird ihnen das erst klar, wenn sie nach China zurückkommen.

Auf gute Nachbarschaft

Ich liebe Grenzregionen. Wahrscheinlich liegt es daran, dass ich aus einer solchen komme. Wie die Peripherie stets darum bemüht ist, das Eigene gegen das Fremde jenseits der Grenze zu verteidigen und gleichzeitig im eigenen Land in Bedeutungslosigkeit versinkt, hat mich immer schon fasziniert. In Grenzregionen sind Nationalismen überzeichnet. Dabei hat man dies- und jenseits der Grenze mehr gemeinsam, als man denkt – das war zumindest immer meine Ansicht. Aber im Nordosten Chinas sind zwei Grenzen immer noch Trennlinien zwischen Welten, selbst dann, wenn man auf dem Papier derselben Ideologie angehört.

In einer solch vielfältigen, von Umbrüchen einerseits und Tradition andererseits geprägten Region ist für einen Journalisten eigentlich jede einzelne Geschichte, die er macht, ein unvergessliches Abenteuer. Besonders unvergesslich aber ist für mich eine Reise nach Nordkorea.

Abenteuer Nordkorea

Dieses abgeschottete Land, in dem abgesehen von zwei Fernsehprogrammen des staatlichen Fernsehens nichts zu empfangen ist, die Zeitungen so gut wie nicht über Außenpolitik berichten und privates Internet ebenso wie Mobiltelefone verboten sind, wirkt wie von einem anderen Stern. Am deutlichsten erlebt man diesen Kontrast, wenn man nach einem Aufenthalt dort mit der Bahn nach

China zurückfährt. Zwischen Peking und Pjöngjang verkehren regelmäßige Züge. Es gibt in Peking sogar eine von Ausländern gegründete Agentur, die sich auf Reisen nach Nordkorea spezialisiert hat, man muss allerdings zuvor unterschreiben, dass man kein Journalist ist, und in Kauf nehmen, dass einem das Mobiltelefon bei der Einreise abgenommen wird und man den zugeklebten Plastikbeutel mit dem Handy erst bei der Ausreise wieder ausgehändigt bekommt.

Ich habe natürlich nicht über diese Agentur gebucht, denn ich war mit einer Kamera dort. Zwei Herren haben meinen Kameramann und mich immer unter Kontrolle gehabt, und weil noch mehr Kontrolle noch besser ist als ein wenig Vertrauen, haben sie sich unser Material jeden Abend angesehen. Ich muss hier noch einmal den bereits an früherer Stelle erwähnten Herrn Jong bemühen, einen unserer beiden Betreuer in Nordkorea, mit dem ich viel gesprochen, von dem ich allerdings – leider – sehr wenig erfahren habe. Ich glaube nämlich, dass wir in unseren kryptischen Konversationen viel über das Fremdsein und den Respekt vor dem Fremdsein gelernt haben. Ich muss mir allerdings auf die Fahnen heften, dass ich wohl die Erste war, die Herrn Jong erklärt hat, wie Fernsehen funktioniert. In Nordkorea ist man nämlich sehr darauf bedacht, dass die große Statue des Staatsgründers Kim Il Sung nur zur Gänze aufgenommen werden darf, und nicht etwa nur seine Füße, vor denen die Besucher aufgrund der Größe des Denkmals aussehen wie Ameisen. „Wissen Sie, Herr Jong", habe ich ihm wiederholt erklärt, „wenn wir Journalisten wollen, können wir über das für Sie korrekte Bild einen sehr bösen Text legen oder über ein Bild, das Sie für falsch halten, einen neutralen."

So ist das eben mit dem Vertrauen: Man weiß erst, wem

man wirklich vertrauen kann, wenn man sich anvertraut. In Nordkorea hingegen regiert die Skepsis. Besucher des Landes dürfen sich nicht zu viele Einblicke erwarten. Mit Nordkoreanern in Kontakt zu kommen, ist verboten und man wird in einem eigenen Ausländerhotel untergebracht sein, das man nur in Begleitung verlassen kann. Aber Touristen sind in Nordkorea willkommen, denn sie bringen Devisen. Allein dass unser Hotel ein Casino hatte, in dem vornehmlich Chinesen ihr Glück versuchten, ließ mich staunen. Noch mehr aber staunte ich über die Bahnfahrt durch das Land. Am Beispiel der Nachbarn Nordkorea und China wird deutlich, welch unterschiedliche Dinge sich hinter ein und derselben Ideologie verbergen können. Nordkorea ist ein bitterarmes Land, in dem alle Menschen gleich gekleidet sind: Sie alle tragen weiße Hemden zu blauen Hosen oder Röcken, die Schüler tragen dazu rote Tücher, die Erwachsenen eine Anstecknadel mit dem Abbild des „Großen Führers" Kim Il Sung.

Welten trennen die beiden Nachbarn

Genau 24 Stunden dauert die Bahnfahrt von Pjöngjang nach Peking. Davon sind vier Stunden als Wartezeit eingeplant: zwei auf nordkoreanischer und zwei weitere auf chinesischer Seite. Ein trostloser Speisewagen trennt bei dieser Bahnfahrt die gewöhnliche nordkoreanische Klasse von unserem Schlafwagen. Wie viele Menschen in den anderen Waggons sitzen und wo sie aussteigen, kann ich bei dieser Reise nicht verfolgen, denn wir werden schnell in unser Abteil geschleust. Auf den Tischen des Speisewagens schlafen Kleinkinder und die Bedienung sieht nicht so aus, als wollte sie uns etwas verkaufen. Es gibt auch kaum etwas. Diese Bahnfahrt ist für mich die erste und zugleich letzte Gelegenheit, mit einem Nordkoreaner einfach so ins Gespräch zu kommen. Der junge Mann ist Teil einer Gruppe, die, wie wir, bis nach China fährt. Er sei IT-Experte, erzählt der Mann in gutem Englisch. Seine Aufgabe sei es, eine Website für seine Regierung zu programmieren. „Die Regierung schickt mich, also gehe ich", sagt der Mann während unserer Unterhaltung auf dem Gang. Für die Männer in unserem Nebenabteil wird die chinesische Grenzstadt Dandong, die durch den Yalu-Fluss von Nordkorea getrennt ist, Endstation sein. Ganz offensichtlich benötigen die Herren aus Nordkorea für ihre Arbeit die Hilfe chinesischer Experten und die vorhandene chinesische Infrastruktur. In Nordkorea selbst ist das Internet so gut wie nicht existent. Von den Ausländerhotels aus kann man zwar E-Mails verschicken, seinen eigenen Posteingang öffnen kann man aber nicht. Es ist kein Land, in dem IT-Programmierer arbeiten können. Viel mehr, als dass er für die Regierung programmiert, will mir der Mann über seine Arbeit in China aber nicht verraten. Während seine Kollegen das mitgebrachte Essen verzehren und mich einladen, mich zu ihnen zu gesellen, bleibt er am Fenster stehen und blickt verträumt auf die Felder, an denen wir vorbeifahren.

Nordkorea ist ein Land mit bestechend schöner Landschaft. Stundenlang ziehen leichte Hügel, auf denen sich Maisfelder an Reisfelder reihen, an uns vorüber. Das landwirtschaftliche Gerät ist primitiv. Mit Ochsenkarren und ihren Händen bestellen die Nordkoreaner ihre Felder. Aber sie nützen jeden Quadratmeter Land. So mancher Maisacker reicht bis an die Fenster der Häuser heran. Ob hier der eine oder andere Bauer etwas Mais für den Eigengebrauch anbaut, wollten uns unsere Betreuer

nicht verraten. Mein Gesprächspartner im Zug ist red-
seliger:

„Aber Sie verdienen dort doch sicher besser als zu
Hause?", frage ich den Mann. „Geld? Das ist nicht wichtig",
antwortet er. „Sind Sie denn nicht gerne dort?" „Nein", sagt
er, „ich wäre lieber zu Hause."

Als wir in der chinesischen Grenzstadt Dandong an-
kommen, verlassen mein Gesprächspartner und seine
Kollegen den Zug, nicht ohne zuvor ihre Anstecknadeln
abgenommen zu haben. Es wirkt, als müssten sie gleich-
sam „untertauchen". Denn China ist für die meisten Nordkoreaner nicht nur das einzige Land, in das es regelmäßige
Verkehrsverbindungen gibt, es ist auch der einzige Flucht-
weg. Nordkoreaner, die es nach Südkorea schaffen wollen,
flüchten über China. Unter ihnen sind viele Frauen. Oft
landen sie in der Prostitution.

Es ist nicht so, dass das Brudervolk hier immer willkommen ist. China ist zwar oft so etwas wie eine Schutzmacht
für Nordkorea, aber wie die 6-Parteien-Gespräche zur
nuklearen Abrüstung in Peking gezeigt haben, übt China
immer öfter auch sanften Druck auf den Verbündeten aus.
Zwischen den beiden Ländern liegen wirklich Welten. Als
wir uns der Grenze nähern, werden die Felder plötzlich
von Hochhäusern abgelöst. Man muss nicht erst über den
Yalu-Fluss fahren, um zu sehen, wo China beginnt. Es ist
offensichtlich.

Allzu herzlich scheint das Verhältnis der beiden Völker
hier nicht zu sein. Die junge chinesische Zöllnerin, die
an diesem Tag Dienst schiebt, kann unseren Aufnahmen
vom Massengymnastik-Festival Arirang, bei dem sich
Zehntausende Darsteller mit bunten Kartons in lebende
Plakate verwandeln, nichts abgewinnen. Ihr Kollege auf
der nordkoreanischen Seite war verständlicherweise sehr

angetan gewesen, aber sie wischt das nur weg: „Ja ja, das ist das Einzige, was die können", sagt sie schnippisch. Während sie sich uns widmet, finden die Kartons mit Ginseng-Schnaps, die von einem nervösen Zugbegleiter die ganze Fahrt über von einem Abteil ins nächste gebracht worden waren, schließlich doch ihre Destination und landen auf dem Bahnsteig. Ein Land kann ganz offensichtlich nie zu arm dafür sein, nicht doch noch irgendeine Schmuggelware aufbieten zu können. Im Fall von Nordkorea ist es Ginseng-Schnaps, lerne ich auf dem Bahnsteig von Dandong.

Ich glaube, ich war nicht die Einzige in unserer Gruppe, die bei der Einreise nach China regelrecht aufgeatmet hat, so groß ist der Kulturunterschied. Die Brücke über den Yalu-Fluss hinter sich zu lassen und nach Dandong einzufahren, ist wie die Rückkehr in die Modernität, nicht nur, weil auf der chinesischen Seite ein chinesischer Speisewagen angekoppelt wird. Die Brücke über den Yalu zu überqueren, ist wie eine Zeitreise.

Russland – man hat sich arrangiert

An einer anderen Grenze in Nordostchina wurde erst gar keine Brücke gebaut. Die lange Grenze zwischen dem russischen Fernen Osten und China war jahrzehntelang eine frostige. Heute ist der Grenzhandel rege. Aber das Misstrauen ist geblieben. Und das sieht man am besten in der Stadt Heihe, die nur einen Steinwurf vom russischen Blagoweschtschensk entfernt liegt.

Dass es bis heute hier keine Brücke gibt, will Moskau so. Der Amur-Fluss, den die Chinesen Fluss des schwarzen Drachens nennen, ist nicht besonders breit, von chinesischer Seite aus kann man deutlich sehen, welche Autos in Blagoweschtschensk fahren, sogar Fußgänger erkennt man. Ebenso deutlich erkennt man die Wachen, die am anderen Ufer auf und ab gehen.

In vorauseilendem Optimismus wurde am chinesischen Ufer bereits ein Brückenpfeiler errichtet. Er ragt wie ein Mahnmal missglückter Verständigung aus dem Boden. Aber man hat sich arrangiert. Ununterbrochen fahren Luftkissenboote über den Fluss. Sie bringen Kunden auf die chinesische Seite und Gastarbeiter und Ware auf die russische. Da wir unsere Tickets in China gelöst haben, landen wir auf einem chinesischen Boot, das Misstrauen der russischen Reisenden, die mit ihren eigenen Fuhrunternehmen unterwegs sind, ist uns sicher. „Warum fahrt ihr nicht mit uns?", kann es einer der russischen Kapitäne gar nicht fassen.

An diesem milden Frühlingsmorgen wartet eine Gruppe von Männern aus der Provinz Shandong auf die Überfahrt. Ob sie wohl wissen, dass auf der anderen Seite mehr und mehr Menschen vor der „gelben Gefahr" warnen? „Ich will doch nur arbeiten, ist das etwa schlimm?", sagt einer der Männer. „Ich will meinen Beitrag zum Aufbau Russlands leisten", meint ein anderer.

Rege Handelstätigkeit im Kleinen

Es mag sonderbar klingen und unseren Klischees widersprechen, aber an diesem Ende der Welt ist Heihe tatsächlich wohlhabender als die russische Nachbarstadt Blagoweschtschensk. Und weil sich die Russen die Waren aus China eher leisten können als Waren aus eigener Produktion, wird rege gehandelt. Nur dass man auf der anderen Seite die Chinesen mag, lässt sich nicht wirklich behaupten.

Auf der russischen Seite schmuggeln wir uns mit einer kleinen Kamera in den sogenannten Chinesenmarkt hinein. Schon der Taxifahrer in Blagoweschtschensk hat keine rechte Lust, uns hinzubringen. Und gerade freundlich ist die Stimmung auch auf dem Markt nicht. Chinesischen Händlern wurde es erschwert, selbst ein Geschäft zu betreiben. Also sitzen neben allen Chinesen, die dort zu sehen sind, russische „Chefs". Ein älterer Herr mit Hut schwärmt über die guten Beziehungen. Eine russische Händlerin sieht es anders: „Hier gibt es eindeutig zu viele Chinesen, man fühlt sich wie in China", sagt sie. „Haben Sie keine Angst vor der Konkurrenz?", frage ich einen anderen Händler. „Wovor soll ich Angst haben, ich verkaufe nur gute russische Ware", meint er. So recht glauben will ich ihm nicht. Erstens unterscheidet sich seine Ware nicht von der an den anderen Ständen und zweitens ist er von Chinesen umgeben.

Auch im Kaufhaus, das an diesen Markt angrenzt, ist so gut wie jedes Geschäft mit chinesischer Ware gefüllt. „Es ist schwer für uns hier", sagt einer der Händler, in die Kamera sagen will er das allerdings nicht.

Aber jetzt bekommen auch die Chinesen Konkurrenz. Warum sollte man das Geschäft mit der billigen chinesischen Ware Chinesen überlassen, wenn man selbst damit handeln kann?, scheinen sich mehr und mehr Russen zu denken.

In Suifenhe, nicht allzu weit von Wladiwostok entfernt, kommen russische Einkäufer in Busladungen an. Im Morgengrauen setzen sich die Kunden aus Wladiwostok in den Bus, einige Stunden später können sie in China einkaufen und nach einer Übernachtung geht es zurück nach Hause.

Die Russin Nadežda macht uns vor, wie man hier einkauft. Sie fegt geradezu durch einen kleinen Laden mit Kinderbekleidung und kauft T-Shirts und Unterhosen en gros. Um den Preis feilscht sie heftig, auf Russisch. „Nadežda, wie viele Kinder haben Sie eigentlich?", frage ich sie. „Ach, das ist nicht für mich, das ist für ein Kinderheim", antwortet sie. Sie mag die Wahrheit sagen, vielleicht ist sie aber auch eine Wiederverkäuferin chinesischer Waren.

Dreißig Kilogramm an Waren darf man aus China nach Russland einführen, das sind ziemlich viele Textilien. Auf dem Busbahnhof von Suifenhe türmen sich schon am Eingang riesige Taschen. Wild gestikulierend wird hier um die Kosten für Übergepäck gefeilscht und erwogen, wie man die Ware auf noch mehr Reisende aufteilen könnte. Vor der Türe lehnen chinesische Träger an ihren Lieferkarren und warten darauf, wie der Streit ausgeht. Und in all diesem Geschrei und Warten kommt ein riesiger Sack nach dem anderen hier an.

Suifenhe wirkt wie eine russische Stadt. Es ist geradezu verwunderlich, dass sich zwischen all den russischen Aufschriften hier noch die eine oder andere chinesische findet. In Suifenhe sind nicht nur die Speisekarten russisch, auch die Speisen sind es. Es ist eine Stadt der Restaurants, Textilmärkte und Massagesalons.

Nicht ohne Zwischenfälle

Nadežda kommt öfter hierher. Und deshalb weiß sie auch, wie man sich hier am besten verhalten sollte. „Ich empfehle jedem, am Abend nicht mehr aus dem Hotel zu gehen, es ist gefährlich", sagt sie, während sie am hellen Tag und in Begleitung durch Suifenhe geht. Sie würde am Abend nie allein außer Haus gehen. Mehr als einmal hat es hier nämlich schon Zwischenfälle gegeben. Russen wurden in Suifenhe auch schon umgebracht. „Der eine oder andere Chinese mag uns vielleicht, vor allem die Alten oder die ganz Jungen, aber für die meisten sind wir einfach nur Geldbeschaffer", diagnostiziert Nadežda knapp.

Mit den Russen Streit zu beginnen, ist offenbar nicht schwierig. Denn viele der Gäste sprechen dem Wodka zu, der auf der chinesischen Seite billiger zu haben ist als auf der russischen. „Freundschaft! Ich liebe alle Menschen", torkelt vor dem Bahnhof ein glücklicher Besucher auf uns zu. „Ja, ich liebe die Chinesen", lallt er mir ins Mikrofon.

Die Lokalpolitiker von Suifenhe wollen die Zwischenfälle, die es hier schon gegeben hat, nicht überbewerten. Auf der anderen Seite würden mehr Chinesen umgebracht als Russen hier, erzählt man uns. Stattdessen wird uns das neue Handelszentrum der Stadt gezeigt. Dort, wo eine bereits etwas ramponierte russische Fahne neben einer nicht minder ausgebleichten chinesischen flattert, entsteht nämlich ein neues Shopping-Paradies. Sogar ein 5-Sterne-Hotel hat man hier eröffnet. In der Lobby herrscht gähnende Leere, die Rezeptionistin hat bereits aufgegeben und ihren Platz geräumt. Gegenüber, in einem der Geschäfte, bringt man die kitschigen Zimmerbrunnen an diesem Tag auch nicht recht an den Russen.

Einen künstlichen See hat man hier, wo niemand einkaufen will, ebenfalls angelegt. „Das Wasser kommt aus Russland", schmunzelt unser Begleiter. Ein weiterer Rohstoff offenbar. Denn was China am russischen Fernen Osten am meisten interessiert, sind nicht etwa die Kunden, die man dort gewinnen kann, sondern die Rohstoffe, die in der entvölkerten russischen Region lagern und wachsen. Waggonweise kommt das Holz aus Russland in den chi-

nesischen Grenzstädten an: Auf gute Nachbarschaft! Die
Menschen am äußersten Ende Russlands und am äußersten
Ende Chinas haben nämlich tatsächlich etwas gemeinsam:
Die Zentralen sind weit weg und verstehen sie nicht. Also
arrangiert man sich auf diesem unwirtlichen Flecken.

Aber hier wird die Grenze wohl noch sehr lange eine
bleiben. Denn ich lerne wieder etwas, das meine Auffas-
sung von Grenzregionen neu definiert: Dort, wo ich her-
komme, haben sich die Menschen über Jahrhunderte ge-
mischt. Sie sehen diesseits und jenseits der Grenze gleich
aus. Besteigt man hingegen in Heihe ein Luftkissenboot,
so muss man nicht erst die russische Fahne sehen, um
zu wissen, dass man im anderen Land ist. Die Haar- und
Augenfarbengrenze ist hier so unüberbrückbar wie der
Fluss.

Zwei Länder – ein System

Dass China ein Land ist, in dem sich kommunistische Ideologie mit brutalstem Kapitalismus paart, ist paradox genug und man kann ständig nur darüber staunen, es ist aber beileibe nicht das einzige Paradoxon. Man muss nur ein Flugticket Richtung Süden kaufen, um mitten in den Wirren der politischen Landkarte Chinas zu landen.

Der bestechende neue Flughafen von Peking verrät die Realität hinter der politischen Rhetorik nämlich auf den ersten Blick: Da gibt es einerseits Inlandsflüge und dann gibt es solche ins Ausland – und nach Hongkong, Macao und Taiwan. Flugtechnisch ist das alles also Ausland. Das wird auch klar, wenn man auf der Internetseite der innerchinesischen Reiseagentur Ctrip – www.ctrip.com – einen Flug nach Hongkong buchen will: Destination nicht vorhanden. Für Auslandsflüge muss man nämlich anrufen, und somit ist der Flug nach Hongkong wohl ein Auslandsflug. Und direkte Linienflüge nach Taiwan gibt es, während ich das schreibe, überhaupt nicht. Das könnte sich allerdings schnell ändern. Im Juli 2008 wurden erstmals regelmäßige Wochenendflüge zwischen mehreren festlandchinesischen und taiwanesischen Städten aufgenommen. Wer unter der Woche fliegt, bleibt allerdings auf den Umweg angewiesen.

Na und?, könnte so mancher denken, der Hongkong und Taiwan ohnehin nie als China angesehen hat. Aber für die Volksrepublik ist das alles ein Land.

Damit ist China allerdings ein Land, in dem man einen Pass benötigt, um in einen anderen Teil des Landes zu flie-

gen. Im Fall von Taiwan bleiben nicht nur Direktflüge li-
mitiert, selbst mit der Annäherung 2008 darf nur eine be-
grenzte Anzahl von Chinesen vom Festland nach Taiwan.
Damit sich in ihrem Pass kein taiwanesischer Stempel findet, hat Peking ein Sonderdokument eingeführt.

Ein solches benötigen auch Taiwanesen, die auf das
Festland wollen. Denn logischerweise wird in China der
taiwanesische Pass nicht anerkannt. Besonders viele dieser Sonderdokumente kann man auf dem kleinen Flughafen von Macao sehen. Dieser macht mit der Politik ein
gutes Geschäft. Denn hierher kommt man nur, wenn man
entweder ins Casino will oder im Transit nach oder von
Taiwan ist. Und wer nicht über Macao fliegt, fliegt über
Hongkong.

Während die Volksrepublik China das alles als ein Land
bezeichnet, sind Hongkong und Macao in der Tat gute Puf-
ferzonen zwischen dem Festland und dem Rest der Welt
mit eigenen Personaldokumenten. Aber Taiwan ist für
die meisten Festlandchinesen Sperrgebiet. Aus der nahe
gelegenen Provinz Fujian kommen Ströme an illegalen
Einwanderern auf die Insel. Als Festlandchinese legal auf
Taiwan zu leben, ist so gut wie unmöglich. Da hat man es
als Festlandchinese in Hongkong leichter.

Hongkong – Brücke zwischen Festlandchina und dem Rest der Welt

Unter dem Titel „Ein Land – zwei Systeme" kam Hongkong 1997 an Festlandchina zurück. Großbritannien
räumte seine Kolonie erst nach der Zusage, dass es in
Hongkong demokratische Wahlen geben würde. Der damals festgelegte Termin 2007 verstrich, ohne dass dieses

Versprechen umgesetzt wurde. Und möglicherweise werden auch die folgenden Termine verstreichen. Peking hat es nicht eilig mit der Demokratie für Hongkong, ganz im Gegenteil.

Hongkong ist der Ort, an den man vom Festland aus fliegt, wenn das Visum vor dem Ablauf steht und man schnell ein neues benötigt. Agenturen, die einem ein solches verschaffen, machen in Hongkong ein gutes Geschäft. Anders als in Peking selbst, wo die Verlängerung der Aufenthaltsgenehmigung eine Woche dauert, geht das in Hongkong in einem Tag. Oder besser gesagt: Es ging bis zum Frühling 2008.

Nach dem Tibet-Konflikt und mit der Angst vor Aktivisten, die die Sommerspiele für ihre Zwecke nützen könnten, machte Peking Aktion scharf gegen Ausländer. Monatelang wurden Ausländerquartiere in Peking durchsucht und auch Büros blieben nicht verschont. Wie viele andere, bekamen auch wir Besuch von der Polizei, die die Visa in unseren Pässen überprüfte. Neue Visa sollen so leicht nicht mehr vergeben werden. Dass vor den Olympischen Spielen die Regeln für die Visum-Vergabe verschärft wurden, führte zu einem Aufschrei. Gespürt haben das nämlich nicht nur Studenten, die man aus der Stadt haben wollte, sondern besonders stark spürte das die Wirtschaft. Denn in Guangdong, der Provinz nördlich von Hongkong, liegt jene Region, in der die wirtschaftliche Öffnung Chinas begann. Hongkongs Nachbarstadt Shenzhen war die erste Wirtschaftszone der Reform- und Öffnungspolitik. Hier nahm der Wirtschaftsboom seinen Anfang. Aber vor den Olympischen Spielen wurden keine Mehrfach-Visa mehr vergeben und so mancher in Hongkong ansässige Geschäftsmann klagte über Behinderung und geschäftsschädigendes Verhalten. Die südchinesischen Fabrikbesitzer klagten nicht minder, einige sprachen sogar von der Angst, Pleite zu gehen.

Internationales Finanzzentrum

Obwohl Shenzhen heute seine eigene Börse hat, bleibt Hongkong ein wichtiges Bindeglied zwischen Festlandchina und dem Rest der Welt. Die Hälfte der an der Börse in Hongkong notierten Unternehmen stammt vom Festland, „Red Chips" nennt man sie dort. Sie liefern 60 Prozent des Umsatzes. Börsenchef Ronald Arculli lehnt entspannt an einem Hocker, als ich ihn zum Interview bitte. Hinter ihm kann man durch eine große Scheibe den Trading floor der Hongkonger Börse sehen, der geradezu mickrig und viel zu ruhig aussieht, wenn man bedenkt, dass es sich hier um ein Herzstück der asiatischen Wirtschaft handelt. Geschrieen und wild gestikuliert wird hier schon lange nicht mehr, auch wenn die letzten Monate etwas turbulent waren. Ronald Arculli hat keine Angst vor der nur wenige Kilometer entfernten Konkurrenz. „Wir sehen das nicht als Bedrohung. Wenn Sie sich zum Beispiel Amerika ansehen, so gibt es dort jede Menge Finanzzentren, aber nur New York gilt als internationales Finanzzentrum. Und genauso ist Hongkong eben das internationale Finanzzentrum Chinas", sagt er.

In der Tat ist es seit der Rückgabe an das Festland gelungen, neue Firmenzentralen nach Hongkong zu bringen. Denn in die wirtschaftlichen Freiheiten hat Peking nicht eingegriffen. Was Hongkong dem Festland immer noch voraus hat, sind eine schlanke Bürokratie und liberale Steuergesetze, vor allem aber der „Mangel" an Korruption. Hongkong durfte seine Wirtschaftsliberalität behalten und auch an symbolischen Umbenennungen hat Peking offensichtlich kein Interesse.

In Hongkong fährt man immer noch links. Die Geldscheine ziert immer noch die britische Königin Elisabeth und auch Königin Victoria thront immer noch in ihrem Park. Keine Straße musste ihren Namen ändern, auf den ersten Blick lebt man weiter wie davor.

Eng sind die Wolkenkratzer hier aneinander gebaut. Von den Hügeln über der Stadt scheinen sie ins Meer zu stürzen. Hongkong strahlt Reichtum aus und Dynamik, ja geradezu Verschwendungssucht. Die Klimaanlagen sind so stark aufgedreht, dass man kalte Schauer bekommt, wenn man an den Geschäften vorübergeht, denn alle Türen stehen offen. Von Energiesparregeln, wie man sie in Peking seit dem Sommer 2007 umsetzt, scheint man hier noch nicht gehört zu haben. Hotellobbys sind in Winterjacken am erträglichsten. Und im Hongkonger Sommer sitzt man am besten mit einer dicken Wolljacke in einem Lokal. Wer keine hat, kann sie leicht kaufen.

Hongkong ist eine Stadt des Konsums und so manchem Passanten, den ich in Hongkong anspreche, ist dieser wichtiger als die Politik. „Hauptsache wir machen Geschäfte", sagt einer, der es offensichtlich eilig hat, sein nächstes Geschäft abzuschließen. Hongkong ist ein durch und durch „westlicher" Ort. Die Mienen der Geschäftsleute, das Tempo, in dem sie sich bewegen, die Art ihrer Bewegungen zeigen, dass die Welt hier anders ist als auf dem Festland. Es sieht nicht aus wie in Großbritannien, aber es fühlt sich so an. Hongkong ist in vielem immer noch eine britische Stadt mit asiatischem Anstrich oder umgekehrt. Die politische Selbstbestimmung haben zwar auch die Briten den Hongkongern nicht gestattet, aber sie haben eine Tradition an Freigeistigkeit hinterlassen. Die

hier erscheinende Tageszeitung „South China Morning
Post" ist eine Zeitung, nach deren Lektüre man sich wirklich informiert fühlt. Die Buchhandlungen bieten Auswahl. Was man in Peking nie finden wird, kann man hier
kaufen. Die Menschen sprechen Fremdsprachen, vor allem
Englisch.

„China braucht einen Zeitplan für die Demokratie"

Aber im Parlament herrscht nicht wirklich Selbstbe-
stimmung. Weder der „Chief Executive" von Hongkong
noch das Parlament werden frei und direkt gewählt. Der
Oberste Verwaltungschef von Hongkong wird von 800
Wahlmännern bestellt, über die Peking die Kontrolle hat.
Im Legislativrat, dem Parlament von Hongkong, sitzen zur
Hälfte Interessenvertreter. Aber 30 Abgeordnete können
direkt gewählt werden.

Daher kann uns Martin Lee dort auch zum Interview
empfangen. Der Aktivist kämpfte schon unter den Briten
für mehr Demokratie, er blieb dabei ebenso erfolglos, wie
er es heute unter Festlandchina ist. Hinter einem schweren
Schreibtisch sitzend, in einem der Zimmer, die für Interviews vergeben werden, spricht er über seine Enttäuschung.
Ich treffe ihn im Juni 2007, kurz vor dem 10. Jahrestag der
Übergabe. Martin Lee hoffte damals, dass es am 1. Juli eine
Großdemonstration geben würde. Und er glaubt zu wissen,
warum: „China braucht einen Zeitplan für die Demokratie", sagt er. „Wir leben im 21. Jahrhundert. Wie kann die
chinesische Führung nicht verstehen, dass die Demokratie
der Weg in die Zukunft ist? Wie kann China von diesem
weltweiten Trend ausgenommen bleiben? Ich denke, dass

die Führung sehr wohl versteht, dass sie auf der Welle der Demokratie entweder mitschwimmen kann oder von ihr weggeschwappt werden wird."

Versteht sie das wirklich? Pekings Umgang mit den Wellen aus Hongkong wirkt vielmehr wie gekonntes Wellenreiten, nicht wie eine Wahl zwischen mitschwimmen oder untergehen. Wenige Tage später muss Lee feststellen, dass es keine Großdemonstration gibt. Es ist seine Bewegung, die von einem Schwall aus Peking weggeschwappt wurde.

2003 gingen 500 000 Hongkonger auf die Straße. Ein neues Sicherheitsgesetz sollte damals die Bürgerrechte einschränken. Die Demonstranten hatten Erfolg: Das Gesetz wurde zurückgenommen. Tatsächlich ist der Stand der Grundrechte in Hongkong immer noch ein anderer als auf dem Festland. Überall sind beispielsweise Transparente der in China verbotenen neuen religiösen Bewegung Falun Gong zu sehen. Die Poster, die schweigende Aktivisten in die Menge halten, zeigen Fotos von in China gefangen genommenen und gefolterten Falun-Gong-Anhängern.

In Peking würde ein Demonstrant mit einem solchen Plakat keine Minute auf der Straße stehen dürfen. In Hongkong sieht man die Aktivisten sozusagen an jedem Straßeneck. Diesen Status quo beizubehalten, dürfte anstrengend genug werden. Peking hat nämlich nicht nur kein Interesse daran, Hongkong mehr Freiheiten zu geben, man hat auch Angst vor zu viel Freiheit dort und der Vorbildwirkung, die das haben könnte. „Nur keine Wellen", ist Peking also am allerliebsten.

2007 gehen die Rufe nach mehr Demokratie im Getöse des Großfeuerwerks unter, mit dem in Hongkong der Jahrestag der Rückgabe an China gefeiert wird. In stundenlangen Sondersendungen kann ganz China sehen, wie die Marine nach Hongkong einfährt und wie dort die chinesische Fahne gehisst wird. Immer wieder erklingt die chinesische Hymne. Beim Feuerwerk am Abend, das die Hongkonger Skyline in ein Farbenmeer taucht, leuchten auch die drei Schriftzeichen auf, die das Wort für Chinese bilden: zhong guo ren.

Der Universitätsprofessor und Oppositionspolitiker Chan Ka Lok sieht die Hongkonger in einer Identitätskrise. Man fühle sich nach zehn Jahren aufgrund der wachsenden Verflechtung sicher näher an China, man werde schließlich auch immer daran erinnert, dass man unter der Kontrolle Pekings stehe, sagt er. „Das heißt, wir tragen einen inneren Kampf aus: Einerseits wollen wir chinesischer werden, andererseits wollen wir anders bleiben."

Man bleibt nicht nur, man wird anders. Mehr und mehr Hongkonger Studenten lernen heute Mandarin, mehr und mehr Menschen empfinden Mandarin, nicht Englisch als die wichtigere Fremdsprache. In Hongkong spricht man Kantonesisch, eine Sprache, die mit Mandarin zwar die Schrift gemeinsam hat, aber völlig anders gesprochen wird.

Tauwetter in den Beziehungen zu Taiwan

Der Demokratiebewegung geht aber nicht nur wegen der immer engeren Verflechtung mit dem Festland die Luft aus, sondern auch, weil im anderen, noch größeren Einstaat-Paradoxon die Zeichen auf Versöhnung stehen.

Ein Grund für die chinesische Armee, sofort für den Kriegsfall zu mobilisieren, wäre eine formale Unabhängigkeitserklärung Taiwans. Dies käme in den Augen Pekings einer Kriegserklärung gleich. Das machen Politiker klar und daraus machen auch chinesische Militärexperten kein Hehl. „Eine Unabhängigkeitserklärung Taiwans hieße Krieg", hören wir nicht nur einmal. Und damit wäre das auch ein Krieg gegen die USA, die sich verpflichtet haben, der Insel militärisch beizustehen.

De facto existiert die Insel seit sechs Jahrzehnten als vom Festland auch politisch abgetrennter Teil. Aber China sieht Taiwan als Teil Chinas an und selbst auf der Insel ist die Idee der Ein-China-Politik alles andere als tot, seit 2008 ist sie sozusagen sogar wiederauferstanden. 2008 erobert die Kuomintang, die diese Politik vertritt und Taiwan bis zum Ende der 1980er-Jahre totalitär regiert hat, bei demokratischen Wahlen sowohl die Mehrheit im Parlament als auch das Präsidentenamt. Das bringt in den Beziehungen zu Peking eine deutliche Entspannung. Die junge taiwanesische Demokratie war in den acht Jahren davor geprägt von Unabhängigkeitsbestrebungen und damit von Säbelrasseln. Mehr als einmal warnte Peking vor der Unabhängigkeitserklärung. Taiwan wurde bei all seinen Bestrebungen, in UNO-Gremien vertreten zu sein, von Peking behindert. Das Pekinger Veto in der UNO war für Taiwan aber nicht nur ein diplomatisches Problem. Asien wird immer wieder von Gesundheitskrisen heimgesucht und im Fall der Vogelgrippe war Taiwan praktisch völlig von Informationen abgeschnitten. Verhandlungen über eine Unabhängigkeit schienen wenig aussichtsreich. Präsident Chen Shui-bian von der Demokratischen Fortschrittspartei wollte die Taiwanesen darüber abstimmen lassen. Diese Idee fand aber nicht nur im Ausland – vor allem beim wichtigen Verbündeten USA – keinen Anklang, sondern auch nicht beim eigenen Volk. Sowohl seine Partei als auch das Unabhängigkeits-Referendum wurden abgewählt.

Taiwan ist nämlich zunehmend isoliert. Nur rund 20 Staaten anerkennen die Insel als eigenen Staat, und mit dicken Scheckbüchern fällt es Peking leicht, auch diese zum Umdenken zu bewegen. In Europa ist der Vatikan der letzte Staat, der Taiwan anerkennt. Aber die Insel wird nicht nur diplomatisch ausgehungert. Man hat sich auch in die wirtschaftliche Selbstisolation gestürzt, indem man die Insel für Kapital vom Festland und Festlandchinesen gesperrt hat. Solange es der Wirtschaft gut ging, war das kein Problem. Aber jetzt ist die taiwanesische Wirtschaft in der Krise.

Wirtschaftliche Verflechtungen

Dass die Kuomintang 2008 wieder an die Macht gekommen ist, hat nichts mit einer Sehnsucht der Taiwanesen nach der Kontrolle Pekings zu tun, es ist eine durch wirtschaftliche Gegebenheiten ausgelöste Entscheidung. Denn die wirtschaftliche Abhängigkeit vom Festland ist größer, als man denken würde. Fährt man von Taipeh aus mit dem neuen Hochgeschwindigkeitszug in den Süden des Landes, so sieht man, wohin sich Taiwan entwickeln will: Der dort errichtete neue große Technologiepark hat sich auf Biotechnologie und Elektronik spezialisiert. Eine der dort angesiedelten Firmen liefert die Netzteile für so gut wie alle namhaften Computerproduzenten der Welt.

80 Prozent der weltweit verkauften Notebooks werden in Taiwan entworfen. Der oberste Wirtschaftsplaner des taiwanesischen Parlaments, York Liao, gibt seine Statistiken nicht ohne Stolz wieder, während wir eine Strecke, für die wir in einem normalen Zug fünf Stunden benötigen würden, in 90 Minuten zurücklegen: „Wir sind bei zehn Produkten weltweit Marktführer, bei weiteren elf auf dem

zweiten Platz, mit sechs Produkten sind wir auf Platz drei. Das heißt, wir sind bei 27 Produkten unter den ersten drei weltweit."

Es ist ein schöner Erfolg, aber keiner, auf dem man sich ausruhen kann. „Made in Taiwan" ist keine Garantie für immer. Längst haben taiwanesische Unternehmer erkannt, dass auf dem Festland Geld zu machen ist. Zwei Millionen von insgesamt 23 Millionen Taiwanesen verdienen mittlerweile ihren Lebensunterhalt dort. Sie schaffen das trotz taiwanesischer Beschränkungen. Maximal 40 Prozent des Unternehmenskapitals dürfen taiwanesische Unternehmer auf dem Festland investieren, so die Vorschrift aus Taipeh. Tatsächlich dürften die offiziellen Zahlen, wonach taiwanesische Unternehmen nur 50 Milliarden US-Dollar auf dem Festland investiert haben, aber grob unterschätzt sein. Eine US-Studie kommt auf den sechsfachen Betrag. Und das würde wohl heißen, dass die Regeln aus Taipeh umgangen werden. Dass solche Regeln nur die taiwanesische Wirtschaft behindern, hat auch die neue Führung auf Taiwan erkannt. Die nächsten Jahre werden demnach eine viel liberalere Wirtschaftspolitik gegenüber dem Festland bringen.

Denn das Festland ist auch ein wichtiger Markt für taiwanesische Produkte. Um die Politiker in Taipeh zu maßregeln, braucht Peking keine militärischen Drohungen. Jian-Jong Guo, Wirtschaftsexperte vom Taiwan Thinktank, meint, Strafzölle täten es auch: „Das wäre ein Desaster, denn das würde unseren gesamten Handel mit dem Festland betreffen. 35 Prozent unserer Exporte gehen nach China. Unser Handelsbilanzüberschuss beträgt zurzeit 80 Milliarden Dollar. Würde die Volksrepublik die Steuern auf unsere Produkte erhöhen, hätten wir wirklich ein Problem."

Zukunftsaussichten

Dieses Problem wird es jetzt wohl nicht geben. Im Früh-
sommer 2008 ist Tauwetter angesagt. Der neue taiwanesische Präsident Ma Ying-jeou ist unter anderem mit dem
Versprechen engerer wirtschaftlicher Kooperation ange-
treten. Dass sein Parteichef in Peking von höchster Stelle
empfangen wurde, ist eine historische Wende. Es ist der
hochrangigste Besuch eines Vertreters des ehemaligen
Bürgerkriegsgegners seit 60 Jahren. „Wir sollten diese hart
errungene Situation wertschätzen", sagte der chinesische
Präsident Hu Jintao beim Besuch aus Taiwan. „Der Himmel hat sich gelichtet", beteuerte sein Gesprächspartner
Wu Pu-hsiung.

Direktflüge zwischen Peking und Taipeh werden nur
der Anfang sein. Aber im Dialog, der 2008 begonnen wird,
bleibt ein Thema auf allerhöchsten Wunsch ausgeklam-
mert, nämlich die Kardinalsfrage: Wie sieht das eine China
aus, an das sowohl die Führung in Peking als auch jene
in Taipeh glaubt? Anders als Hongkong ist Taiwan heute
schon eine Demokratie und damit eine viel härtere Nuss.
Wird Peking die Formel von einem Land mit zwei Syste-
men auch hier umsetzen wollen oder sind das zwei Länder,
die einem System angeglichen werden? Die taiwanesischen
Politiker, die heute an der Macht sind, glauben jedenfalls,
dass eine Wiedervereinigung möglich ist, wenn auch das
Festland demokratisch wird. Für das Festland hingegen
ist Taiwan schon heute, wie in der Vergangenheit, Teil des
Landes.

Die nächsten Jahre werden zeigen, ob von der taiwanesischen Demokratie für Peking eine Vorbildwirkung ausgehen kann oder ob man darin weiterhin nur eine Gefahr
sehen wird. Was Peking lieber ist, hat die Führung im Fall

von Hongkong deutlich gezeigt: Wirtschaftlich ist jeder Austausch willkommen, nur auf den Exportartikel Demokratie kann das Festland gerne verzichten. Das sogenannte zweite System darf nur existieren, wenn es das eigene nicht bedroht.

POLITIK

Leben zwischen Kairo und Bagdad

Karim
El-Gawhary

Alltag auf arabisch

Nahaufnahmen von
Kairo bis Bagdad

242 Seiten
Format 13,5 x 21,5 cm
gebunden mit
Schutzumschlag
ISBN 978-3-218-00783-2
Kremayr & Scheriau

„Ein Tag Honig, ein Tag Zwiebeln" lautet ein arabisches Sprichwort, und diese Lebensphilosophie schimmert durch alle Geschichten, die Karim El-Gawhary, Nahost-Korrespondent zahlreicher deutschsprachiger Medien, erzählt. Inmitten von Krieg und Krisen versuchen die Menschen, ein ganz normales Leben zu führen. So entsteht eine bunte arabische Alltagscollage, die uns unsere unmittelbaren und doch so fernen Nachbarn ein wenig näher bringt.